AF563360

REGLAS ORTOGRÁFICAS DE USO DIARIO

CÓMO ESCRIBIR SIN ERRORES

ANDRÉS GUIJARRO

www.reglasortograficas.guiaburros.es

Diseño de cubierta: © Marta Villarín (EDITATUM)

Maquetación de interior: © EDITATUM

Primera edición: abril de 2021

Segunda edición: noviembre de 2025

ISBN: 978-84-18429-20-0

Depósito Legal: M-7553-2021

IMPRESO EN ESPAÑA/ PRINTED IN SPAIN

Te invitamos a registrar la compra de tu libro o *e-book* dándote de alta en el **Club GuíaBurros,** obtendrás directamente un cupón de **2 € de descuento** para tu próxima compra.
Además, si después de leer este libro lo has considerado útil e interesante, te agradeceríamos que hicieras sobre él una **reseña honesta en cualquier plataforma de opinión** y nos enviaras un *e-mail* a **opiniones@guiaburros.es** para poder, desde la editorial, enviarte **como regalo otro libro de nuestra colección.**

guía burros

Sobre el autor

Andrés Guijarro nació en Madrid en 1972. Es licenciado en Filología Árabe por el Departamento de Estudios Árabes e Islámicos de la Universidad Complutense de Madrid. Es especialista en sufismo y tradiciones esotéricas del islam. Ha residido en varios países del mundo árabe-islámico y desde hace años compagina su labor de traductor con la de profesor de lengua árabe. Colabora con el músico y musicólogo Eduardo Paniagua, especialista en música arábigo-andaluza, en la traducción de los poemas que aparecen en los discos publicados por Pneuma. Es autor de las obras: *Los signos del fin de los tiempos según el islam* (Edaf, 2007); *La constitución invisible del ser humano según el sufismo;* (Los Libros del Olivo, 2013) y *Sentencias de sabiduría de los maestros sufíes* (Los Libros del Olivo, 2014); *GuíaBurros: Islam* (Editatum, 2019), *GuíaBurros: La sabiduría del sufismo* (Editatum, 2020) y *GuíaBurros: La sabiduría pitagórica* (Editatum, 2020). Ha traducido también varias obras clásicas de la espiritualidad y la mística islámica. Entre ellas: *Textos sobre la caballería espiritual,* de Ibn Arabi (Edaf, 2005); *El libro de la extinción en la contemplación,* de Ibn Arabi (Sirio, 2007), *Destellos de la divinidad,* de Fajr al-Din Iraqi (Edaf, 2008), *El libro de la interpretación de los sueños* de Ibn Sirín (Sirio, 2008), *Los engarces de las sabidurías* de Ibn Arabi (Edaf, 2009) y el *Tratado sobre el amor* de Avicena (Tritemio, 2017). Es también responsable de una traducción de *El Corán* (Edaf, 2010).

Agradecimientos

A mis hijos , Gabriel y Jesús.

Ars longa, vita brevis.

Índice

LA CORRECTA REDACCIÓN

Al lector

Redactar un texto es una actividad que tenemos que afrontar con frecuencia, y para hacerlo con propiedad no basta con conocer la lengua. Es necesario organizar las ideas, exponerlas de forma comprensible y realizar una presentación adecuada. Nuestro texto debe progresar de forma fluida para que nuestro lector entienda con claridad nuestro propósito. Que tal cosa se consiga, de forma fácil y accesible a todo el mundo, es el objetivo de esta breve guía.

Ortografía

Las reglas generales de acentuación

La **sílaba** es el sonido o conjunto de sonidos que se pronuncian con **un solo golpe de voz** dentro de una palabra. La sílaba siempre está formada por una vocal que se presenta ella sola o acompañada de consonantes o de otras vocales.
Ejemplos: *e-lla; lám-pa-ra; a-bri-go; flau-ta; vol-ver.*

La **sílaba tónica** es aquella que se pronuncia con **mayor intensidad.** El resto de las sílabas de la palabra reciben el nombre de **sílabas átonas.**
Ejemplos: ja-*bón;* trom-*pe*-ta.

Según la posición de la sílaba tónica, las palabras se clasifican en:

- **Agudas.** La sílaba tónica es la **última** de la palabra: sa-*lón.*
- **Llanas.** La sílaba tónica es la **penúltima** de la palabra: re-*su*-men.
- **Esdrújulas.** La sílaba tónica es la **antepenúltima** de la palabra: *rá*-pi-do.
- **Sobresdrújulas.** La sílaba tónica es la **anterior a la antepenúltima** sílaba de la palabra: *có*-me-te-lo.

En algunas palabras, sobre la sílaba tónica se escribe un signo lingüístico llamado **tilde** o **acento ortográfico.** Veamos cuáles son las reglas para el uso de la tilde:

- Los **monosílabos** no llevan tilde, salvo casos excepcionales para diferenciar algunas palabras. Esto lo veremos de forma más detallada cuando abordemos el estudio de la **tilde diacrítica** y sus reglas.
  Ejemplos: *vez; red.*

- Las palabras **agudas** llevan tilde cuando **acaban** en ***-n,*** en ***-s*** o en **vocal.**
  Ejemplos: *cajón; país; triunfó.*

- Las palabras **llanas** llevan tilde cuando **acaban** en consonante distinta de ***-n*** o ***-s***, o dicho de otro modo, cuando **no acaban** ni en ***-n***, ni en ***-s*** ni en **vocal**.
  Ejemplos: *imbécil; mártir; Sánchez.*

- Las palabras **esdrújulas** llevan tilde **siempre.**
  Ejemplos: *rústico; paréntesis.*

- Las palabras **sobresdrújulas** también llevan tilde **siempre.** Ejemplos: *mándaselo; frágilmente.*

Los **compuestos que se escriben en una sola palabra** siguen las reglas generales de acentuación, independientemente de la acentuación de las palabras que los componen.
Ejemplos: *sinfín; mediodía.*

Los **compuestos que se escriben en palabras separadas** conservan la tilde de los componentes que originalmente la llevaban.
Ejemplos: *así mismo; sofá cama.*

Los adverbios terminados en **-mente** conservan la tilde si el adjetivo del que proceden la tiene. Ejemplos: *precisamente; est**ú**pidamente; r**á**pidamente; completamente.*

Acentuación de palabras con diptongo, triptongo e hiato

Antes de nada, debemos recordar que, en español, según el grado de apertura de la boca al pronunciarlas, las vocales se clasifican en **abiertas** y **cerradas:**

- **Abiertas:** *a, e, o*. Ejemplos: *v**a**c**a**; l**e**ch**e**; r**o**t**o**.*
- **Cerradas:** *i, u*. Ejemplos: *b**i**q**ui**n**i**; b**u**s.*

Cuando la ***y*** aparece aislada o al final de la palabra, se pronuncia ***i*** y funciona como una vocal cerrada.
Ejemplos: *ha**y**; ho**y**; ¡a**y**!; blanco **y** negro.*

El **diptongo** es la **unión de dos vocales en una misma sílaba.** Para que se produzca un diptongo deben darse estas combinaciones:

- Vocal **cerrada** + vocal **cerrada:** *r**ui**do; tr**iu**nfo; c**ui**dar; c**iu**dad.*
- Vocal **cerrada átona** + vocal **abierta:** *v**ue**lan; m**ié**rcoles; n**ie**ve; s**ua**ve.*
- Vocal **abierta** + vocal **cerrada átona:** *f**ai**sán; **ai**re.*

La ***h*** no impide el diptongo cuando hay dos vocales que forman parte de la misma sílaba: ***ahu**-ma-do; **ahi**-ja-do.*

El **triptongo** es la unión de tres vocales en la misma sílaba. El triptongo se produce al darse esta combinación:

- Vocal **cerrada** + vocal **abierta** + vocal **cerrada:** *pronunc**iái**s; acaric**iéi**s.*

El **hiato** es la secuencia de **dos vocales seguidas** que pertenecen a **sílabas distintas.**

Se produce un hiato cuando entran en contacto estas combinaciones:

- Vocal **abierta** + vocal abierta: *c**ae**r; camp**eó**n.*
- Vocal **abierta** + vocal **cerrada tónica:** *R**aú**l; r**eú**nes.*
- Vocal **cerrada tónica** + **vocal abierta:** *sal**ía**n; p**úa**s.*

Ahora vamos a ver cómo **se acentúan** las palabras con diptongo, triptongo e hiato.

Los **diptongos** siguen las reglas generales de acentuación, que ya hemos visto. **En los casos en que deban llevar tilde,** esta recaerá sobre **la vocal abierta** o **sobre la segunda vocal, si es que las dos son cerradas.**

Veamos unos ejemplos de esto:

- **educac*ión*:** esta palabra es aguda y termina en vocal. Por tanto, debe llevar tilde. La sílaba tónica contiene un diptongo ***(io)***. De las dos vocales que lo componen, la abierta es la ***o;*** por tanto, sobre esta debe recaer la tilde.

- **arranc*ái*s:** esta palabra es aguda y termina en ***s***. Por tanto, debe llevar tilde. La sílaba tónica contiene un diptongo (***ai***). De las dos vocales que lo componen, la abierta es la ***a;*** por tanto, sobre esta debe recaer la tilde.

- **veint*iú*n:** esta palabra es aguda y termina en ***n***. Por tanto, debe llevar tilde. La sílaba tónica contiene un diptongo ***(iu)***. Ambas vocales son cerradas, así que la tilde recae sobre la segunda, es decir, la ***u.***

- **b*éi*sbol:** esta palabra es llana y no termina ni en ***n***, ni en ***s*** ni en vocal. Por tanto, debe llevar tilde. La sílaba tónica contiene un diptongo ***(ei)***. De las dos vocales que lo componen, la abierta es la ***e***, así que sobre ella debe recaer la tilde.

- **c*uá*quero:** esta palabra es esdrújula. Por tanto, debe llevar tilde. La sílaba tónica contiene un diptongo ***(ua)***. De las dos vocales que lo componen, la abierta es la ***a***; por tanto, sobre ella recaerá la tilde.

Los **triptongos** siguen las reglas generales de acentuación. Los triptongos siempre llevan tilde sobre la vocal abierta, que como recordaréis es la que aparece en posición intermedia. Ejemplos: *averig**üéi**s; adec**uái**s; aprec**iéi**s.*

Los **hiatos,** cuando están formados con **dos vocales abiertas,** siguen las reglas generales de acentuación. En los demás casos, siempre colocaremos la **tilde en la vocal cerrada, para marcar el hiato.**

Veamos algunos ejemplos de esto:

- **id*ea*:** esta palabra es llana y termina en vocal. Por tanto, no debe llevar tilde. En ella hay un hiato formado por las vocales abiertas ***ea,*** que están cada una en una sílaba diferente. Sigue las reglas generales de acentuación y por tanto no lleva tilde.

- **El*ías*:** esta palabra es llana y termina en *s*. Por tanto, según las reglas generales de acentuación, no debería llevar tilde. Sin embargo, contiene un hiato ***(ia)*** formado por una vocal cerrada ***(i)*** y otra abierta ***(a)***. Por tanto, colocamos la tilde en la vocal cerrada para marcar el hiato.

La ***h*** no impide el hiato cuando hay dos vocales que se pronuncian en sílabas distintas. Un ejemplo de esto es la palabra ***búho.*** Esta palabra es llana y termina en vocal. Por tanto, según las reglas generales de acentuación, no debería llevar tilde. Sin embargo, contiene un hiato ***(uho)*** formado por una vocal cerrada ***(u)*** y otra abierta ***(o)***. Por tanto, colocamos la tilde en la vocal cerrada ***(u)*** para marcar el hiato.

Existen algunas palabras, como ***guion, truhan, liais,*** etc., que en algunas zonas se pronuncian como hiatos (es decir, ***tru-hán,*** etc.). Sin embargo, la *Ortografía de la lengua española* los considera monosílabos desde el punto de vista ortográfico (independientemente de que se pronuncien en una o dos sílabas) y, por tanto, no se acentúan.

La tilde diacrítica

La **tilde diacrítica** es aquella que se emplea al margen de las reglas generales de acentuación para **diferenciar** algunas palabras que tienen **la misma forma pero distinto significado.** Veamos algunos ejemplos:

- Se escribe con tilde el pronombre personal ***él;*** sin tilde el artículo, ***el.***
  Ejemplo: *Mientras le hablo,* ***él*** *no deja de hacer gestos con* ***el*** *dedo.*

- Se escribe con tilde el sustantivo ***té*** (que en plural mantiene la tilde: ***tés***); sin tilde, el pronombre ***te.***
  Ejemplo: *Ayer mismo, tomando un* ***té*** *en el salón de tu casa,* ***te*** *pregunté por ella.*

- Se escriben con tilde el pronombre personal y el adverbio de afirmación ***sí;*** sin tilde la conjunción condicional ***si.***
  Ejemplos:
  Sí, *es difícil.*
  Si *supiera lo malo que es pensar siempre en sí mismo, recapacitaría.*

- Se escribe con tilde el adverbio de cantidad ***más;*** sin tilde la conjunción adversativa, ***mas,*** equivalente a "pero".
  Ejemplo: *Bebería* ***más*** *vino con gusto,* ***mas*** *me lo impide mi médico.*

- Se escribe con tilde el pronombre personal **tú**; sin tilde el posesivo ***tu.***
  Ejemplo: ***Tú*** *al menos aún mantienes algún contacto con* ***tu*** *familia.*

- Se escribe con tilde la forma ***sé*** de los verbos *saber* y *ser;* sin tilde, el pronombre ***se.***
  Ejemplos: *No* ***sé*** *si los efectos* ***se*** *notan al poco de tomarlo.*

- Se escribe con tilde el pronombre personal ***mí;*** sin tilde el posesivo ***mi.***
  Ejemplo: *Para* ***mí****, es fundamental que se respete* ***mi*** *intimidad.*

- Se escribe con tilde la forma ***dé*** del verbo ***dar*** (aunque cuando se le añade un pronombre no lleva tilde: ***deme***); sin tilde la preposición ***de.***
  Ejemplo: *Depende* **de** *ti que me* ***dé*** *tiempo a hacerlo o no.*

- Las palabras ***cómo, cuál, cuáles, cuándo, cuánto, cuánta, cuántos, cuántas, dónde, adónde, qué, quién*** y ***quiénes*** se escriben con tilde cuando tienen un valor **interrogativo y exclamativo.**
  Ejemplos:
  *¿****Cómo*** *te llamas? /* ***Como*** *tú quieras llamarme.*
  *¿****Cuál*** *es tu apellido? / Recabarren. Tal* ***cual.***
  Le pregunté que **cuándo** *le vería. /* "**Cuando** *mejor te venga", me dijo.*
  *¿****Cuántos*** *seremos? /* ***Cuantos*** *más seamos, mejor.*

*¿**Adónde** tengo que ir? / **Adonde** tú ya sabes.*
*¿**Cómo** se lo diré? / **Como** mejor te parezca.*
*¡**Qué** grande es! / Te dije **que** lo era.*
*¿**Quién** llama a la puerta? / **Quien** tú ya sabes.*

- La palabra ***aún*** lleva tilde cuando se utiliza con el significado de "todavía".
  Ejemplos:
  *Mi hijo **aún** usa pañal.*
  *¿**Aún** no ha llegado?*

  Sin embargo, cuando equivale a hasta, también, incluso (o siquiera, con negación), se escribirá sin tilde.
  Ejemplos:
  ***Aun** los ciegos pueden ver eso.*
  *Todos, **aun** los más tímidos, se lanzaron a la pista de baile.*
  *Ni **aun** él se atreverá a tanto.*

- Cuando ***aun*** forma parte de la locución *aun cuando*, se escribe sin tilde. Ejemplo: ***Aun cuando** me lo pidas de rodillas, no te lo daré.*

Uso de las mayúsculas y las minúsculas

Todas las letras del alfabeto cuentan con dos variantes: una mayúscula y otra minúscula. El uso de una u otra es una convención estrictamente gráfica que obedece a unas normas que en ocasiones plantean dificultades.

- Se escriben en **minúscula** los **tratamientos**, tanto los que preceden al nombre propio (*don José*) como los que pueden utilizarse sin él (*usted, doctor)*. Se escribe con **mayúscula** la **letra inicial de sus abreviaturas** (*Ud., Sra.*).
  Ejemplos: *la **señora** Álvarez; vuelva **usted** mañana; **Dña.** Joaquina Manso; el **doctor** Negrín.*

- Se escriben en **minúscula** los sustantivos con que se nombran **títulos nobiliarios, cargos o profesiones.**
  Ejemplos: *el **director** del Museo del Prado; el **marqués** de Carabás.*

- Se escriben con **minúscula** los nombres de los **días de la semana, los meses y las estaciones del año.**
  Ejemplos: *lunes; diciembre; otoño.*

- Se escriben con **minúscula** los nombres de los **puntos cardinales,** a no ser que formen parte de un nombre propio. Ejemplos: *el **sur** de España; vivo en la calle América del **Sur.***

- Se escribe **minúscula** cuando la **pregunta o exclamación no inicia el enunciado.**
  Ejemplos: *Oye, ¡**regresa** pronto!; dime, ¿**volverás** mañana?*

- Se escriben con **minúscula** los **artículos que van delante de apodos y seudónimos** cuando no forman parte de los nombres correspondientes.
  Ejemplos: *Rafael Álvarez, **el** Brujo.*

- Cuando el artículo se escribe con mayúscula por formar parte de un nombre propio, no se produce contracción con las preposiciones *a* o *de*.
  Ejemplos: *Viajamos* ***a*** *El Salvador; un recuerdo* ***de*** *El Cairo.*

- Se escriben con **mayúscula** los **nombres propios** de los **accidentes geográficos,** pero no los sustantivos comunes que los acompañan.
  Cuando para referirse a un accidente geográfico se emplea un sustantivo seguido de un adjetivo derivado del topónimo, ambos se escriben con minúscula.
  Ejemplos: *las* ***islas Baleares;*** *el* ***cabo de Gata;*** *las* ***islas británicas.***

- Se escriben con **mayúscula** los nombres de los **grandes movimientos artísticos y culturales** que identifican grandes períodos históricos. Los artículos que los acompañan se escriben con minúscula. Ejemplos: *el* ***Renacimiento;*** *la* ***Ilustración.***

Uso de las letras b/v, ll/y

Algunos problemas ortográficos se producen a causa de los desajustes entre los sonidos y las grafías. Algunas de estas, como la *b* y la *v*, representan el mismo sonido (/b/); otras, como la *ll* y la *y*, representan sonidos parecidos (/y/). Por ello, la escritura de las palabras que las contienen pueden presentar algunas dificultades. A continuación aparecen algunas reglas útiles para diferenciarlas.

b/v

- Se escriben con *b* las palabras que **comienzan** con las sílabas ***bu-, bur-, bus-.***
  Ejemplos: *burro; burbuja; buscar.*

- Se escriben con *b* las palabras **acabadas** con los sufijos ***-able, -ible*** y sus derivados.
  Ejemplos: *desfavorable; indestructible.*

- Se escriben con *b* los **verbos acabados** en los "sonidos" ***-bir y -buir*** (excepto *hervir, servir* y *vivir*), así como sus derivados.
  Ejemplos: *inscribirme; contribuir; hervido; servía.*

- Se escribe *b* **delante** de una **consonante** y al **final** de **sílaba.**
  Ejemplos: *abstracto; obtenemos; absorber; obsoleto.*

- Se escribe con *b* el **pretérito imperfecto** de **indicativo** de los verbos de la **primera conjugación** y del verbo ***ir.***
  Ejemplos: *pensaba; caminabas; iba; íbamos.*

- Se escriben con *b* las formas de los verbos ***deber, caber, saber y haber.***
  Ejemplos: *cabría; había; sabes; deberías.*

- Se escriben con *v* los **adjetivos acabados** en ***-ave, -avo, -ava, -eve, -evo, -eva, -ivo*** e ***-iva.***
  Ejemplos: *efectiva; bravo; brava; breve; vivo; viva.*

- Se escriben con *v* las palabras que **empiezan** por ***eva-, eve-, evi-*** y ***evo-.***
Ejemplos: *evaluación; eventual; evitable; evocación.*

- Se escribe *v* **detrás** de los prefijos ***ad-*** y ***sub-.***
Ejemplos: *adverso; subversión.*

- Se escriben con *v* todas las formas del presente del verbo ***ir.*** Ejemplos: *vamos; va; voy.*

- Se escriben con *v* las formas del **pretérito perfecto simple** (pretérito indefinido) de **indicativo** y el **pretérito imperfecto de subjuntivo** de los verbos ***andar, estar*** y ***tener,*** así como sus derivados.
Ejemplos: *anduve; anduvieras; estuviste; estuviese; tuvieron; tuviesen.*

ll/y

- Se escriben con *ll* las palabras **terminadas** en ***-alle, -elle, -ello, -illo, -illa y -ullo.***
Ejemplos: *detalles; bello; sencillos; silla; barullo; callejero.*

- Se escriben con *ll* las formas de los verbos cuyo **infinitivo** termina en ***-ellar, -illar, -ullar.***
Ejemplos: *estrellaste; brillaba; aullaban.*

- Se escriben con *ll* las palabras que **empiezan** por ***fa-*** y ***fo-*** seguidos del sonido /y/.
Ejemplos: *fallido; follaje; follón.*

- Se escriben con *y* todas las formas verbales que contienen el sonido **/y/** y no tienen ni *ll* ni *y* en el infinitivo.
  Ejemplos: *fluyen* (inf. *fluir); vaya* (inf. *ir); oyeron* (inf. *oír).*

- Se escriben con *y* las palabras que **comienzan** por ***yer-*.** Ejemplos: *yermo; yerto.*

- Se escriben con *y* las palabras que **contienen *-yec-*.** Ejemplos: *abyecto.*

- Se escriben con *y* las palabras terminadas en diptongo o triptongo con ***-y*** y sus plurales.
  Ejemplos: *rey/reyes; buey/bueyes; ley/leyes.*

- Los **extranjerismos adaptados al castellano** terminados en diptongo en ***-y*** pierden la ***-y*** al formar el plural. Ejemplo: *espráis; jerséis.*

Uso de s y de x

Las grafías de la *s* y de la *x*, que presentan sonidos similares, pueden causar dudas en la escritura. Veamos algunas reglas que regulan el uso de estas letras.

- Se escriben con *x* las palabras que **empiezan** por ***ex-pla-*, *expli-*, *explo-*, *expre-*, *expri-*** y ***expro-*.**
  Ejemplos: *explanada; explicación; expresar; exprimidor; expropiar.*

- Se escriben con *x* las palabras que **comienzan** por los prefijos ***ex-*** *y* ***extra-*.**
  Ejemplos: ***ex****presar;* ***extra****vagante.*

- Se escriben con *s* las palabras que **terminan** en ***-sión,*** excepto *anexión, conexión, crucifixión, flexión* y *reflexión.*
  Ejemplos: *deci****sión;*** *obse****sión.***

- Se escriben con *s* las palabras que tienen el sonido **/s/** delante de *b, f, g, l, m* y *q*, excepto *exquisito.*
  Ejemplos: ***es****quina;* ***es****fuerzo.*

Uso de la h

La grafía *h* no representan ningún sonido. Por ello, la escritura de las palabras que la contienen pueden presentar algunas dificultades. Estos problemas ortográficos se agravan si la letra sirve para diferenciar palabras *homófonas,* es decir, aquellas que se pronuncian igual pero se escriben diferente: *asta*: "palo en que se coloca la bandera"; *hasta:* "denota límite". Observa algunas reglas que regulan su uso.

- Se escriben con *h* las palabras **derivadas de otras que tienen *h*.** Se exceptúan algunas derivadas de *hueso, hueco, huérfano* y *huevo.*
  Ejemplos: *horario* (de *hora*); *herrumbroso* (de *hierro*); *hachazo* (de *hacha*); *osario* (de *hueso*); *oquedad* (de *hueco*); *orfandad* (de *huérfano*); *ovíparo* (de *huevo*).

- Se escriben con *h* las formas de los verbos que **llevan *h* en el infinitivo** (*haber, hacer, hablar, hallar,* etc.). Ejemplos: *hay; harías; hablamos.*

- Se escriben con *h* las palabras que **empiezan** por ***hecto-, hema-, hemo-, hemi-, hetero-, hidro-, hidra-, hiper-, hipo-*** *y* ***homo-.***
Ejemplos: *hectoplasma, hematoma, hemorragia, hemiplejia, heterosexual, hidrofobia, hidra, hipermercado, hipoglucemia, homosexual.*

- Se escriben con *h* las palabras que **empiezan** por los diptongos ***hia-, hie-, hue-, hui-.***
Ejemplos: *hialoideo, hielo, hueco, huidizo.*

- Se escriben con *h* las palabras que **empiezan** por ***histo-, hosp-, hum-, herm-, hern-, holg- y hog-.***
Ejemplos: *historia, hospital, humedad, hermandad, hernia, holgado, hogar.*

- Llevan *h* intercalada las palabras con diptongo ***ue*** precedido de vocal. Ejemplo: *caca**hue**te.*

Uso de las letras c, z, q y k

Algunas letras representan el mismo sonido. Es el caso de *c* y *z*, letras que representan el sonido /c/, y de *c*, *q*, y *k*, que representan el sonido /k/. Observa algunas reglas que regulan el uso de estas cuatro letras.

- Se escriben con *c* representando el sonido **/z/** las palabras en las que ***c*** **precede a las vocales** ***e, i,*** excepto *zepelín, zeta, zen* o *zigzag.*
Ejemplos: *obedecer; decidir.*

- Se escriben con *c* las palabras que tienen el sonido **/k/ al final** de sílaba o palabra, excepto a*norak, Irak* y *yak.*
Ejemplo: *bloc.*

- Se escriben con *k* las **palabras procedentes de otras lenguas** en las que se mantiene la ortografía originaria. Algunas de estas palabras pueden escribirse también con *q*: *kiosco/quiosco; pakistaní/paquistaní.*

- Se escribe con *z* el final de las palabras en singular cuyo **plural acaba** en ***-ces.***
Ejemplos: *matiz/matices; raíz/raíces.*

- Se escriben con *z* la primera persona del presente de indicativo y todas las personas del presente de subjuntivo de los verbos acabados en ***-ecer,*** ***-ocer*** y ***-ucir.***
Ejemplos: *perezco; cuezo; luzco; merezcan; cueza; traduzcas.*

Uso de las letras g/j

Los desajustes entre sonidos y grafías afectan a la escritura de las palabras con *g* y *j,* pues la *g* representa el mismo sonido /j/ cuando precede a las vocales e, *i.*

- Se escriben con *g* las palabras que **empiezan** por ***geo-*** y ***gest-*.** Ejemplos: *geografía; gestionar.*

- Se escriben con *g* las formas de los **verbos que terminan** en ***-ger, -gir, -gerar.*** Ejemplos: *coger; corrigiendo; exagerabas.*

- Se escriben con *g* y nunca *j* en **posición final de sílaba.** Ejemplo: *ignorar.*

- Se escriben con *g* los sustantivos y adjetivos que contienen el grupo ***-gen-*.** Ejemplos: *ingenio; ingente.*

- Se escriben con *g* las palabras **acabadas** en ***-ogía, -lógico.*** Ejemplos: *patologías; parapsicológico.*

- Se escriben con *j* las formas de los **verbos** que en **infinitivo no tienen *-g*.** Ejemplos: *atrajo; dedujisteis.*

- Se escriben con *j* las palabras acabadas en ***-aje, -eje, -jero, -jería*** y las que empiezan o acaban por ***-eje-, -aje-*.**
  Ejemplos: *coraje; deje; relojero; ovejero; relojería; ejemplo; ajeno; brebaje.*

- Se escriben con *j* las palabras derivadas de otras que tienen ***ja, jo.***
  Ejemplos: *consejero (de consejo); jarrón (de jarra).*

- Se escriben con *j* los **verbos acabados** en ***-jear.***
  Ejemplos: *hojear; cojear.*

Uso de la r

La letra *r* puede representar dos sonidos distintos, dependiendo de la posición en que aparezca: el vibrante simple de *aro, cercar* y *traje,* entre vocales, en final de sílaba y en los grupos consonánticos *br, cr, dr, fr, gr, kr, pr y tr;* y el vibrante múltiple en posición inicial de palabra, como en *rosa,* y después de una consonante que no pertenezca a la misma sílaba, como en *honra.* La *rr* solo aparece escrita entre vocales, y siempre representa el sonido vibrante múltiple presente en palabras como *carro* o *perro.* Se escriben con ***rr:***

- Las palabras que tienen el sonido vibrante múltiple en posición **intervocálica.**
  Ejemplos: *puerro, cerro, barrote, cerrojo.*

- Las palabras **compuestas** cuyo segundo formante comienza por *r,* de modo que el sonido vibrante múltiple queda en posición intervocálica.
  Ejemplos: *vicerrector, contrarréplica.*

Peculiaridades de las palabras en otras lenguas y de los nombres propios

Las palabras de otros idiomas no adaptadas al español y utilizadas en nuestra lengua respetarán su ortografía original. En la escritura es conveniente distinguirlas mediante el uso de procedimientos gráficos como las comillas, la letra cursiva, etc. Ejemplos: *lady, web.*

Los nombres propios de otras lenguas no hispanizados se escriben como en la lengua originaria (no es necesario distinguirlos gráficamente, como sucede con los que hemos visto antes), y tampoco están sujetos a las reglas de la ortografía española.
Ejemplos: *Washington, Botticelli.*

Las palabras de origen extranjero adaptadas a la pronunciación y a la grafía española desde antiguo, deben seguir todas las reglas ortográficas.
Ejemplos: *Basilea, chalé, Burdeos.*

La puntuación

Nunca debemos olvidar que con la puntuación de los textos escritos tratamos de reproducir la entonación de la lengua oral. De la puntuación depende en gran parte la correcta expresión y comprensión del texto escrito; organiza el discurso y sus diferentes elementos y permite evitar la ambigüedad en textos que, sin su empleo, podrían tener interpretaciones diferentes.

El español tiene los siguientes signos de puntuación:

Punto .	Coma ,
Punto y coma ;	Dos puntos :
Puntos suspensivos ...	Comillas “ ” ‘ ’ « »

Signos de exclamación ¡!	Signos de interrogación ¿?
Corchetes [ ]	Paréntesis ( )
Raya —	Guion -
Barra /	

El punto, la coma, el punto y coma, los dos puntos y los puntos suspensivos se escriben siempre sin dejar un espacio de separación con respecto a la palabra o el signo que viene después, y separados por un espacio de la palabra o el signo que sigue, a no ser que esta sea de cierre.

Los signos dobles, como los de interrogación y exclamación, los paréntesis, los corchetes, las comillas y las rayas que encierran aclaraciones e incisos, todos ellos compuestos por un signo de apertura y uno de cierre, se escriben de la manera siguiente:

- Los de **apertura** se separan por medio de un espacio de la palabra o signo al que siguen, y se escriben sin espacio de separación con respecto a la palabra a la que anteceden. (Con la excepción de la raya que introduce la intervención de un personaje en un diálogo, que se escribe también sin espacio de separación de la palabra que sigue).

- Los signos de **cierre** se escriben sin espacio de separación con respecto a la palabra o signo al que siguen, separados por un espacio de la palabra a la que preceden, pero sin este espacio si lo que sigue es un signo de puntuación.

Veamos algunos ejemplos de todo esto:

¿Viste *por fin a tu* ***hermana?; ¿te*** *dijo* ***algo?***

Ya sabes lo que decía él siempre: ***"No*** *te metas en* ***política".***

La entrega del premio tendrá lugar en los jardines de la parroquia de Aldea del ***Fresno*** *(Madrid)***,** *a las cuatro de la tarde.*

Cuando te ***decidas —y*** *espero que sea* ***pronto—,*** *saldremos.*

El punto

El **punto** es otro signo de puntuación empleado para delimitar los elementeos sintácticos. Señala la pausa que se da al final de un enunciado. Después de punto siempre se escribe en mayúscula, salvo en el caso del punto utilizado en las abreviaturas.

Existen tres tipos de punto: el punto y seguido, el punto y aparte y el punto final (no "punto y final", un error muy común).

- El **punto y seguido** separa enunciados dentro de un mismo párrafo.
  Ejemplo: *El recién llegado creó un nuevo método de enseñanza, cogiendo cosas de aquí y de allá. Cuando comenzó, nadie daba un duro por su proyecto.*

- El **punto y aparte** separa párrafos de un texto que desarrollan contenidos distintos, normalmente dentro del mismo tema.
  Ejemplo: *Se bebió un cuenco de leche, cogió el bañador colgado y salió corriendo, pero no a la pradera donde se bañaban los demás.*
  Echó a andar fuera de la ciudad, lejos, hacia el manantial, donde el agua corría profunda y lenta.

- El **punto final** marca el final de un texto.

- El punto se utiliza también después de las abreviaturas.
  Ejemplos:
  Sra.,
  Excmo.,
  a.C.

A menudo es necesario combinar el punto con otros signos que también cierran períodos, como son los paréntesis o las comillas. En estos casos, se coloca el punto siempre detrás de las comillas, corchetes o paréntesis del cierre.

Ejemplo: *Esto fue lo que me dijo: "Espero verte pronto". Después subió al coche. (Creo que iba llorando).*

Uso incorrecto del punto

Los títulos y los subtítulos de libros, artículos, capítulos, obras de arte, etc., cuando van aislados, no llevan punto final. Ejemplos:
Las ocho disciplinas del dragón
La Mona Lisa

La coma y el punto y coma

Los signos de puntuación son representaciones gráficas de las pausas que limitan elementos y la entonación del discurso oral. La **coma** y el **punto y coma** son dos de los cuatro signos de puntuación (junto con el punto y los dos puntos, que veremos más tarde) más empleados para delimitar los elementos de la frase.

La **coma** es la representación gráfica de las **pausas breves.** No debe aparecer nunca entre el sujeto y el predicado, excepto si se ha omitido el verbo.

Ejemplos:
Incorrecto: *María*, *trajo pasteles.*
Correcto: *María trajo pasteles*, *y Sofía*, *refrescos.*

Tampoco debe aparecer entre el verbo y el complemento directo, excepto si es para introducir una aclaración.

Ejemplos:
Incorrecto: *Rocío leyó en voz alta*, *su poema.*
Correcto: *Silvia leyó en voz alta, como ya nos había anunciado*, *su poema.*

El **punto y coma** es la representación gráfica de una **pausa mayor** que la de la coma y menor que la del punto. Veamos con mayor detalle las funciones de ambos signos de puntuación.

- La **coma** sirve para indicar que se ha **omitido el verbo.**
  Ejemplos:
  *Yo siempre digo la verdad. Tú***,** *no.*
  *Quizá tú no hayas pensado sobre el tema. Yo***,** *sí.*
  *Las niñas entran por esta puerta. Los niños***,** *por aquella.*

- La **coma** sirve para separar los elementos de una enumeración si no van unidos por las conjunciones ***y, o, ni.***
  Ejemplo: *Platero es pequeño***,** *peludo***,** *suave.*

- La **coma** sirve para aislar expresiones como: *es decir, por ejemplo, en fin, pues, por último, por consiguiente, pero, sin embargo, no obstante, además, en tal caso, por lo tanto, en cambio, en primer lugar, etc.*
  Ejemplos:
  Es decir, *que tu hermano es un imbécil integral.*
  Por ejemplo, *el lunes pasado por la tarde.*
  Te presto mis prismáticos, ***pero*** *ten mucho cuidado.*
  Está en tu despacho, ***pues*** *tiene la luz encendida.*

- La **coma** sirve para **separar el vocativo,** que es la forma que se usa para llamar a la persona a la que nos dirigimos. El vocativo siempre aparece separado por

comas, independientemente de dónde aparezca colocado en la frase. Ejemplos:
Recordad, amigos míos, el juramento que hicimos.
Julio, ven aquí.

- La **coma** sirve para **introducir una explicación, comentario o precisión.**
  Ejemplos:
  Este lugar sagrado, reconocido como tal desde tiempos remotos, fue el lugar de coronación de los antiguos reyes de Escocia.
  Él es, entre mis amigos, el que más quiero.

- En las **cabeceras de las cartas,** se escribe coma entre el lugar y la fecha.
  Ejemplo: *Alcázar de San Juan, 10 de febrero de 2021.*

Uso incorrecto de la coma

Como hemos dicho al principio de la sección, un **error** muy frecuente a la hora de redactar consiste en **separar el sujeto y el predicado** mediante coma. Debemos evitar esto a toda costa. Ejemplos de incorrección:
Los libros de segunda mano, estaban apilados en el suelo.
Esas palabras gruesas, supusieron un antes y un después en su relación.

Se exceptúan, claro está, los casos en los que media un inciso, un comentario o una precisión entre sujeto y predicado. Ejemplo: *La presencia de tu hermana, **tan insoportable como siempre,** echó por tierra nuestros planes para la velada.*

El punto y coma (;) indica una pausa superior a la marcada por la coma e inferior a la señalada por el punto.

- El **punto y coma** sirve para **unir frases** que tienen relación en su significado, pero que están **construidas de forma independiente.**
  Ejemplo: *Otros ya lo dijeron antes, nadie les escuchó.*

- El **punto y coma** sirve para **separar frases** de otras que empiezan con expresiones como: *sin embargo, no obstante, por el contrario, etc.*
  Ejemplo: *Has suspendido esta evaluación; no obstante puedes recuperarla en el próximo exámen.*

- El **punto y coma** sirve para separar elementos en **una enumeración que ya tiene comas.**
  Ejemplo:
  Manuel se ocupó de los canapés; María, de las bebidas; Ramón, de los frutos secos; Koldo, de los dulces.

Los dos puntos

En español, se utilizan los **dos puntos** en las siguientes circunstancias. (Se escribe con letra inicial mayúscula la palabra que va después de dos puntos, siempre que siga a la fórmula de encabezamiento de una carta o documento jurídico-administrativo o reproduzca palabras textuales).

- En **encabezamiento** de cartas, instancias, discursos, etc. Ejemplo: *Querido amigo: Te escribo esta carta para comunicarte que...*

- Al **reproducir textualmente** lo que ha dicho otra persona. (La primera palabra posterior a los dos puntos irá en mayúsculas). Ejemplo*: Ya lo dijo Sócrates: "Solo sé que no sé nada".*

- Para anunciar una **enumeración.** Ejemplo: *Cuatro son las provincias catalanas: Barcelona, Tarragona, Lérida y Gerona.*

- Delante de una oración que es una **aclaración, causa o consecuencia de otra anterior.** Ejemplo: *Según la teología católica, Dios es eterno: no tiene principio ni fin.*

- Se usan dos puntos para señalar la **relación causa-efecto.** Ejemplo: *Se ha quedado sin trabajo: no podrá ir de vacaciones este verano.*

Los puntos suspensivos

Los puntos suspensivos (...) suponen una interrupción de la oración o un final imprevisto. Emplearemos los puntos suspensivos en los siguientes casos:

- Indicando una **enumeración que no está completa,** con el mismo valor que la expresión etcétera. Ejemplo: *Vendrán cantantes, magos, payasos...*

- Expresando **sorpresa, misterio o suspense.** Ejemplo: *La puerta se abrió despacio, y entonces...*

- En los diálogos, señalando **silencios significativos** entre los interlocutores.
  Ejemplo:
  —Fue algo muy especial...
  —Sí, lo fue.

- Señalando una **interrupción voluntaria** de un discurso cuyo final se da por sobrentendido por el interlocutor.
  Ejemplo: *Si quieres obtener las mejores calificaciones, pues, ya sabes...*

- Indicando la **supresión de un fragmento en una cita literal.** En este caso se emplean los puntos entre corchetes.
  Ejemplo: *¿Cómo es, cómo actúa [...] el genio del idioma español?* (Grijelmo, Álex, *El genio del idioma,* Ed. Taurus, Madrid, 2004, p. 15).

Después de los puntos suspensivos, cuando cierran un enunciado, se escribe **mayúscula.**
Ejemplo: *El caso es que si no viniese*... ***Pero*** *mejor no pensar algo tan espantoso.*

Cuando los puntos suspensivos no cierran un enunciado y este continúa tras ellos, se escribe **minúscula.**
Ejemplo: *Quiero decirte* ***que...*** *acepto tu oferta.*

Tras los puntos suspensivos no se escribe nunca punto, pero sí pueden colocarse otros signos de puntuación como la coma, el punto y coma y los dos puntos.

Ejemplos:
Cuando hayas comprado las maletas, los bolsos, las cajas…, me llamas y voy a ayudarte con todo.
Ya había comprado las maletas, los bolsos, las cajas…; al cabo de un rato decidió llamarme.
Mira, lo he pensado mejor…: no quiero que venga.

Los signos de interrogación o exclamación se escriben delante o detrás de los puntos suspensivos, dependiendo de que el enunciado que encierran esté completo o incompleto. Ejemplos: *¿Habrá llegado ya?… Seguro que sí. ¡Pero si les dije que…! ¡Serán inútiles!*

Tanto la coma, el punto y coma y los dos puntos como los signos de interrogación y exclamación se escribirán inmediatamente, sin un espacio que los separe de los puntos suspensivos, como vemos en los ejemplos anteriores.

La raya

Se utiliza la raya para:

- Señalar diferentes **intervenciones en un diálogo.**
  Ejemplo:
  — ¿Eres tú, hijo mío?
  — Sí, madre. Soy yo.

- Separar las **palabras del narrador** de las palabras del personaje que habla.
  Ejemplo: *—Seguro que llega tarde —dijo Raquel.*

- **Encerrar incisos.**
  Ejemplo: *Cuando termines —siempre y cuando lo hagas a tiempo— lo dejas dentro del cajón.*

- Organizar **enumeraciones en forma de lista.**
  Ejemplo:
  Para que el guiso quede rico:
  — *Utiliza siempre productos frescos.*
  — *Haz un buen sofrito.*
  — *Cocínalo en un recipiente de barro.*

Comillas, paréntesis y corchetes

Las comillas, los paréntesis y los corchetes se emplean para destacar o delimitar elementos o insertarlos dentro de un discurso principal. Veamos cómo se emplean:

Comillas

Existen diferentes tipos de comillas: las angulares, también llamadas latinas o españolas (« »), las inglesas (“ ”) y las simples (‘ ’). Suelen alternarse cuando hay que utilizar comillas dentro de un texto ya entrecomillado.
Ejemplo: *Cuando le enseñó el reloj, Pepe le espetó: “Menuda ‘patata’ que te has comprado”.*

Las comillas se utilizan para:

- Reproducir **citas textuales** de cualquier extensión.
  Ejemplo:
  Dijo Sócrates: “Solo sé que no se nada”.
  ¿Pues no va el tío y me dice: “Por favor, su DNI”.

- Para indicar que una palabra o expresión es impropia, vulgar o de otra lengua, o que se utiliza irónicamente o con un sentido especial.
  Ejemplos:
  Últimamente está muy centrado en sus "negocios".
  El año pasado tuvo un "affaire" con una vecinita del bloque.

- Para citar títulos de artículos, poemas, cuadros, etc. (Aprovechamos para recordar que, en los textos impresos, los títulos de los libros los escribiremos en letra cursiva; si el texto es manuscrito, lo subrayaremos).
  Ejemplos:
  El artículo de Daniel Papp titulado "La concepción soviética de la disuasión" apareció en el número 78 de la Revista de Occidente.
  Recitó el poema "Cómo se dibuja a un niño" del libro de Gloria Fuertes titulado Versos para dibujar.
  En la sala III se puede ver "La rendición de Breda" de Velázquez.

- Cuando en un texto se comenta o se menciona una palabra en particular, esta se aísla escribiéndola entre comillas.
  Ejemplo:
  Como modelo de la primera declinación latina se utiliza habitualmente la palabra "puella" ('niña')[1].

---

1 Como vemos, cuando se aclara o se traduce el significado de una palabra, este se encierra entre comillas, preferiblemente comillas simples, especialmente si la palabra en cuestión ya iba a su vez entrecomillada.

Combinación de las comillas con otros signos

Los signos de puntuación correspondientes al período en el que va inserto el texto entre comillas se colocan siempre después de las comillas de cierre.

Ejemplos:
Me dijo: "No lo haré"; pero al final lo hizo.
¿Seguro que dijo: "Te mataré"?
¡Menudo "negocio"!
Conjúgame el presente del indicativo del verbo "amar".

El texto dentro de las comillas tiene una puntuación independiente y lleva sus propios signos ortográficos. Por esa razón, si el enunciado entre comillas es interrogativo o exclamativo, los signos de interrogación y exclamación se colocan dentro de estas.

Ejemplos: "*¿Tienes ganas de que lleguen las vacaciones?*", *le preguntó.*

Los paréntesis

Los paréntesis ( ) son signos que cierran elementos incidentales o aclaratorios intercalados en un enunciado.

Se usan en los casos siguientes:

- Cuando se interrumpe el sentido del discurso con un inciso aclaratorio o incidental, sobre todo si este es largo o de escasa relación con lo anterior o posterior.

Ejemplos:
Las reuniones ***(la última duró casi tres horas)*** *se celebran en la sala de la planta inferior.*
Mi primo Ricardo ***(que acaba de terminar la carrera)*** *ha decidido pasar una temporada en un monasterio.*

- Para intercalar algún dato o precisión, como fechas, lugares, significado de siglas, el autor u obra citados, etc.
Ejemplos:
Nació en Madrid ***(España)*** *en 1972.*
Trabaja de voluntario en una ONG ***(organización no gubernamental).***

- En ocasiones se utilizan los paréntesis para evitar introducir una opción en el texto. En estos casos se puede encerrar dentro del paréntesis una palabra completa o solo uno de sus segmentos. En este uso puede alternar con la barra.
Ejemplos:
Deberán indicarse el ***(los)*** *día**(s)** en que vaya a producirse el alta.*
*Se necesita profesor**(a)** para clases particulares.*

- En la transcripción de textos se utilizan tres puntos entre paréntesis para dejar constancia de que se omite en la cita un fragmento del texto. En estos casos también se pueden usar los corchetes, en lugar de los paréntesis.

Ejemplo:
Otro factor (...) que es necesario incorporar a la empresa de hoy es el de reducir la complejidad.
(Sebastián Vázquez: *Management humano*)

- Las letras o números que encabezan clasificaciones, enumeraciones, etc. pueden situarse entre paréntesis o seguidas de paréntesis de cierre.
  Ejemplos:
  (a) o bien *a); (b)* o bien *b).*

Los corchetes

Los corchetes [ ] se utilizan por regla general de forma parecida a los paréntesis que incorporan información complementaria o aclaratoria.

El guion

El guion (-) es un trazo horizontal de menor longitud que el signo llamado raya. Se usa fundamentalmente cuando es necesario hacer divisiones dentro de una palabra y no se escribe entre espacios en blanco. Existe sin embargo una excepción: cuando se emplea para separar las sílabas de una palabra, se suele escribir entre espacios (*ma - zor - ca*). Usos del guion:

Se utiliza para separar, en determinados casos, los dos elementos que integran una palabra compuesta. Existen básicamente dos situaciones:

- Los compuestos de nueva creación formados por dos adjetivos, el primero de los cuales conserva invariable la terminación masculina singular, mientras que el segundo concuerda en género y número con el nombre al que se refiere.
  Ejemplos:
  Los cuerpos ***técnico-administrativos*** *de la Administración*
  Tratado ***teórico-práctico***

- Cuando dos gentilicios forman una palabra compuesta, esta se puede escribir separando o no ambos elementos con un guion. Si el compuesto resultante ha sido consolidado por el uso, lo escribimos sin guion. Si no, podemos escribirlo con él.
  Ejemplos:
  Hispanoárabe
  Luso-japonés

El guion sirve para dividir una palabra al final de renglón cuando no cabe en él completa. Algunas precisiones a este respecto que debemos recordar son:

- Cuando la palabra contenga una h intercalada precedida de consonante, el guion se colocará siempre delante de la h, tratándola como principio de sílaba.
  Ejemplos:
  des-hidratado
  in-humano

- Es preferible no segmentar las palabras de otras lenguas a fin de renglón, a no ser que se conozcan las reglas vigentes en los idiomas respectivos.

- Las siglas y los acrónimos, así como las abreviaturas, no pueden dividirse al final del renglón. Esto sucede, por ejemplo, con ONU o UNESCO. Se admite, eso sí, la división en los acrónimos que han pasado a incorporarse al léxico general, y que en consecuencia se escriben con minúsculas.
  Ejemplos: *lá - ser, ra - dar.*

La barra

Estos son los principales usos de la barra (/):

- Señalar el límite de los versos en los textos poéticos reproducidos en línea seguida. En este caso se escribe **entre espacios.**
  Ejemplo:
  Anoche cuando dormía / soñé, ¡bendita ilusión!, / que una fontana fluía / dentro de mi corazón.
  (Antonio Machado: *Soledades. Galerías. Otros poemas)*

- Tiene valor preposicional en expresiones como 90 **km/h** (donde la barra equivale a "por"), o como salario bruto 2000 **euros/mes** (donde la barra equivale a "al"). En estos casos, se escribe sin separación alguna de los signos gráficos que une.

- Colocada entre dos palabras o entre una palabra y un morfema, puede indicar también la existencia de dos o más opciones posibles. En este caso no se escribe entre espacios.
  Ejemplos:
  El/los día/s propuesto/s.
  Estudiantes y/o profesores.

- Forma parte de abreviaturas como c/ (por "calle"), c/c (por "cuenta corriente").

Uso de los signos de interrogación y de exclamación

Los signos de interrogación (¿?) y exclamación (¡!) son dos en cada caso. En nuestra lengua es obligatorio poner siempre el signo de apertura, que no deberá suprimirse a imitación de lo que ocurre en la ortografía de otras lenguas, en las que solo se usa el signo final.

- Después de los signos que indican cierre de interrogación o exclamación (? !) no se escribe nunca punto.

- Los vocativos y las proposiciones subordinadas, cuando ocupan el primer lugar del enunciado, se escriben fuera de la pregunta o de la exclamación. Sin embargo, si están colocadas al final, se consideran dentro de ellas.
  Ejemplos:
  Pepe, ¿vienes o no?
  ¿Vienes o no, Pepe?

Paco, ¡qué alegría verte de nuevo por aquí!
¡Qué alegría verte de nuevo por aquí, Paco!
Si no te contesta, ¿qué le vas a decir?
¿Qué le vas a decir si no te contesta?

Impropiedad léxica

Por impropiedad léxica se entiende un uso incorrecto de una palabra, bien por desconocimiento de su significado real, bien por confusión con otra palabra parecida, pero de significado distinto.

Así, son frecuentes las confusiones entre:

- *Especias* y *especies.*
- *Ambas* y *sendas.*
- *Oír* y *escuchar.*
- *Panfletos* y *folletos.*
- *Accesible* y *asequible.*
- *Surgir* y *surtir* (efecto, por ejemplo).
- *Infringir* e *infligir.*
- *Prever* y *proveer.*
- *Abertura* y *apertura.*
- *Perjuicio* y *prejuicio.*
- *Adición* y *adicción.*
- *Actitudes y aptitudes.*
- Números fraccionarios *(doceavo)* con números ordinales *(duodécimo)*
- Y un largo etcétera.

Las palabras comodín

Las palabras comodín son aquellas que tienen un significado tan general que pueden utilizarse para hacer referencia a conceptos muy diversos. Por ejemplo, el verbo hacer, en la expresión "hacer una película", puede significar "rodar", "dirigir", "proyectar", etc. Muchas veces se usa una palabra comodín porque no se encuentra otra más precisa. Debemos tener en cuenta que el uso reiterado de estas palabras empobrece el texto y lo vacía de significado. Resulta por tanto más apropiado utilizar sinónimos más precisos según el contexto. De esta manera conseguiremos que nuestros textos sean más ricos y variados.

Veamos esta carta:

> Querido Manuel:
>
> Te escribo esta carta para **decirte** algo que me parece **interesante** para nosotros. Mi prima María me **ha dicho** que en el centro cívico de nuestro pueblo **han puesto** un cartel **diciendo** que el mes que viene van a **hacer** unas actividades muy **interesantes.** Por ejemplo, van a **hacer** un curso sobre las nuevas profesiones. Yo creo que puede resultar muy **interesante** conocer qué nuevos trabajos están apareciendo. ¿Estás de acuerdo conmigo?
>
> Me parece que es **interesante** para nosotros porque **tienen** temas como **hacer** aplicaciones para teléfonos móviles. **Dice** que si estás interesado en **tener** una plaza **tienes** que **poner** tu nombre en una lista y **hacer** una solicitud en la que **pongas** las razones por las que

te apuntas. Creo que deberíamos inscribirnos. Si me **dices** que sí, escribo nuestros nombres en la lista la próxima vez que pase por allí.

Tu amiga que te quiere,

Eva

El verbo **decir** se puede sustituir por **contar, comentar, informar, añadir o responder.**

El adjetivo **interesante,** del que tanto se abusa, se puede sustituir por **útil, práctico o apropiado.**

El verbo **poner** se puede sustituir por **colocar, escribir o explicar.**

El verbo **hacer** se puede sustituir por **ofrecer, realizar, programar o redactar,** dependiendo del contexto.

El verbo **tener** se puede sustituir por **tratar, obtener o deber.**

Veamos cómo quedaría la carta anterior, con un uso más variado del léxico que la lengua pone a nuestra disposición:

Querido Manuel:

Te escribo esta carta para **contarte** algo que me parece **útil** para nosotros. Mi prima María me **ha comentado** que en el centro cívico de nuestro pueblo **han colocado** un cartel **informando** que el mes que viene van **a ofrecer** unas actividades muy interesantes.

Por ejemplo, van **a realizar** un curso sobre las nuevas profesiones. Yo creo que puede resultar muy **práctico** conocer qué nuevos trabajos están apareciendo. ¿Estás de acuerdo conmigo?

Me parece que es **apropiado** para nosotros porque **tratan** temas como **programar** aplicaciones para teléfonos móviles. **Añade** que si estás interesado en **obtener** una plaza **debes escribir** tu nombre en una lista y **redactar** una solicitud en la que **expliques** las razones por las que te apuntas.

Creo que deberíamos inscribirnos. Si me **respondes** que sí, escribo nuestros nombres en la lista la próxima vez que pase por allí.

Tu amiga que te quiere,

Eva

Usos incorrectos de los adverbios y del gerundio

Con frecuencia el empleo de los **adverbios** y del **gerundio** suele ocasionar muchas dudas. Gracias a estas normas, breves pero suficientes, podrás conocer cuáles son los usos aceptados. Nunca deben usarse los posesivos **detrás** de adverbios como *enfrente, delante, encima, detrás,* etc.

Ejemplos:

Incorrecto: *Viven enfrente **mía.***

Correcto: *Viven enfrente **de mí.***

Incorrecto: *Está encima **tuyo.***

Correcto: *Está encima **de ti.***

Cuando se coordinan adverbios acabados en el sufijo ***-mente,*** se recomienda ponerlo solo en el último.
Ejemplo:
*Hemos de actuar rápida, eficaz y firme**mente.***

No debe usarse la preposición *a* delante de adverbios como *arriba, abajo, adentro, afuera,* etc.
Ejemplos:
Incorrecto: *Lo metimos de fuera **a dentro.***
Correcto: *Lo metimos de fuera **adentro.***
Incorrecto: *Lo examinó de arriba **a abajo.***
Correcto: *Lo examinó de arriba **abajo***

No es correcto el uso del gerundio como complemento de un sustantivo, salvo en construcciones del tipo ***agua hirviendo.***
Ejemplos:
Incorrecto: *Me dieron una carpeta **conteniendo** información confidencial.*
Correcto: *Me dieron una carpeta **que contenía** información confidencial.*

El uso del gerundio solo es correcto cuando la acción es **anterior o simultánea** a la del verbo principal; nunca debe utilizarse el gerundio para expresar una acción posterior.
Ejemplos:
Incorrecto: *Hizo el examen de maravilla **aprobando** sin problemas.* (Acción posterior).
Correcto: *Elaboré un plan **basándome** en todas esas ideas.* (Acción anterior o simultánea)

Errores de concordancia

La concordancia entre los nombres y los adjetivos y los determinantes que los acompañan, o entre los verbos y sus sujetos, en ocasiones plantea dificultades. A continuación veremos algunos de los casos más frecuentes. Los adjetivos que acompañan a nombres comunes en cuanto al género deben concordar con el sexo del ser que designan, pues el género se marca con la concordancia.
Ejemplos:
*El **célebre poeta.***
*La **prolífica autora.***

Si los nombres **coordinados** que forman el sujeto se consideran una unidad, entonces el verbo aparece en **singular.**
Ejemplo:
Nuestro programa y actividad <u>tiene</u> *como objetivo demostrar que si se quiere, se puede.*

Si un **adjetivo** se refiere **a más de un nombre de género diferente,** debe concordar con ellos en **masculino plural.**
Ejemplo:
Los textos y las imágenes <u>publicados</u> *pueden herir algunas sensibilidades.*

Si el núcleo del sujeto es un nombre **colectivo,** el verbo debe ir en **singular.**
Ejemplos: ***El público <u>era</u>*** *más joven entonces* / ***La gente*** *no* ***<u>dice</u>*** *lo que piensa.*

El verbo **haber** en uso impersonal debe aparecer en tercera persona del singular.
Ejemplos:
Había *muchas* ***personas*** *paseando por la calle* (y nunca *habían*).
Este verano ***habrá festivales*** *de todo tipo* (y nunca *habrán*).

Los adjetivos que acompañan a nombres **epicenos** (es decir, aquellos que presentan un único género gramatical, ya sea masculino o femenino) deben concordar con el género de dicho sustantivo, no con el sexo del ser que designan.
Ejemplos:
Un simpático pingüino *hembra.*
Una feroz pantera *macho.*

Los nombres femeninos singulares que comienzan por a tónica recuperan el artículo femenino cuando se intercala un adjetivo o el nombre va en plural.
Ejemplos:
La *majestuosa águila levantó el vuelo* (pero: ***el*** *águila majestuosa*).
La *vetusta arma del pistolero* (pero: ***el*** *arma vetusta*).
Las *almas caritativas* (pero: ***el*** *alma caritativa*).

El uso incorrecto de los nexos

El uso de algunos nexos presenta dificultades; es el caso de aquellos que cambian de significado según se escriban juntos o separados (como en el caso de sino o conque), o el de dos fenómenos relacionados con la adición o supresión del nexo que: el dequeísmo y el queísmo.

Es incorrecto emplear ***que*** más ***su*** en lugar de ***cuyo.***
Ejemplo:
Incorrecto: *La chica* ***que su*** *fotografía apareció sin permiso en la bitácora de su novio.*
Correcto: *La chica* ***cuya*** *fotografía apareció sin permiso en la bitácora de su novio.*

Sino / si no

El nombre ***sino*** equivale a "destino", y se escribe junto.
Ejemplo: *Era su* ***sino*** *y no pudo huir de él.*

La conjunción adversativa ***sino*** también se escribe como una sola palabra.
Ejemplo: *Espero que no te quedes aquí sola,* ***sino*** *que te vengas conmigo.*

La expresión ***si no*** se escribe separada cuando introduce una condición. Ejemplo: ***Si tú*** *me dices "ven", lo dejo todo.*
La expresión ***si no*** se escribe separada cuando introduce una oración interrogativa indirecta.
Ejemplo: *Me pregunto* ***si no*** *deberías haberte quedado en casa con tu hermana.*

Por qué / porque / por que / porqué

La expresión ***por qué*** se escribe separada y con tilde cuando puede ir seguida de *motivo* o *razón.*
Ejemplo: *¿**Por qué** [motivo] no puedo estudiar lo que yo quiero?*

La conjunción causal ***porque*** debe escribirse junta y sin tilde. Se puede sustituir *por ya* que o *puesto que.*
Ejemplo: ***Porque** sabías que él era así, no deberías haberte casado con ese hombre.*

La expresión ***por que*** cuando equivale a *por eso,* es la unión de la preposición *por* y la conjunción subordinante *que.* Se escribe separada y sin tilde.
Ejemplo: ***Por que** los compañeros le acepten, es capaz de hacer las cosas más increíbles.*

Sin embargo, la expresión ***por que,*** cuando se puede sustituir por *el/la cual, los/las cuales,* es la unión de la preposición *por* y el pronombre relativo *que.* Se escribe separada y sin tilde.
Ejemplo: *Ese es el motivo **por que** debes hacer lo que yo te digo.*

El nombre ***porqué,*** que significa "causa o motivo", se escribe junto y con tilde. Puede llevar determinantes e ir en plural.
Ejemplo: *¿Entiendes el **porqué** de todo esto?*

Con qué /con que / conque

La expresión ***con qué*** se escribe separada y con tilde cuando introduce una oración interrogativa o exclamativa. Ejemplos: *¿**Con qué** has dibujado esto?/ ¡**Con qué** pasión habla!*

La expresión ***con que,*** cuando se puede sustituir por *con eso,* está formada por la preposición *con* y la conjunción subordinante *que.* Se escribe separada. Ejemplo: *No me conformo **con que** me des tu versión de los hechos.*

Esta misma expresión, cuando equivale a *con el/la cual, con los/las cuales,* es la unión de *con* y el pronombre relativo *que.* Se escribe separada.
Ejemplo: *Esta es la espada **con que** mató al gigante.*

La conjunción ***conque,*** cuando equivale a *así que,* se escribe junta.
Ejemplos:
*Terminó su tarea, **conque** salió a jugar al jardín.*
***Conque** esas tenemos, ¿eh?*

Dequeísmo y queísmo

El dequeísmo consiste en introducir incorrectamente la preposición ***de*** entre el verbo y la conjunción ***que,*** diciendo ***de que*** cuando correspondería únicamente ***que.***
Un ejemplo de dequeísmo: *Pienso **de que** es necesario buscar un remedio.*

El verbo *pensar* en este uso nos pide un complemento directo. Es decir, pienso "algo", y la preposición *"de"* entre *pensar* y *qué* es incorrecta. El complemento directo no puede ir introducido por *de*. Lo correcto sería: *Pienso* ***que*** *es necesario buscar un remedio.* La confusión se produce porque hay verbos que obligatoriamente deben llevar preposición, y otros que obligatoriamente deben ir sin ella.

Existen verbos que tienen que construirse con la preposición ***de,*** como por ejemplo ***apropiarse de*** *algo,* ***quejarse de*** *algo o* ***de alguien.*** *Adueñarse* y *quejarse* nos exigen la preposición ***"de".***
Ejemplos:
Siempre te ***apropias de*** *todo.*
Mi madre se ***queja del*** *frío que hace en esta casa.*

En ninguno de estos casos podemos prescindir la preposición. "*Siempre te apropias todo*" o: *"Mi madre se queja el frío"* serían frases construidas de forma incorrecta.
Por otro lado, existen otros verbos que no admiten que les pongamos la preposición ***"de".*** Por ejemplo, *"temer"* u *"oír"*.
Ejemplos:
Me temo que vas a perder.
He oído que finalmente no vendrá.

Si digo: *"Me temo* ***de que*** *vas a perder"* o: "*He oído* ***de que*** *finalmente no vendrá"*, estoy cometiendo dequeísmo.

Existe un método que nos va a permitir evitar una gran parte de los casos de dequeísmo. Este consiste en sustituir por *"eso"*. Si la preposición permanece, es que tiene que estar obligatoriamente en la oración. Si desaparece, es que no debe estar.

Veamos los ejemplos anteriormente usados:
Pienso ***de que*** *es necesario buscar un remedio.*
Sustituyamos lo que viene después del verbo por *"eso":* *"Pienso* ***eso****"*. Nadie dice jamás: *"Pienso* ***de eso****"*. Esto nos está indicando que la preposición *"de"* tiene que desaparecer. Lo correcto es: "*Pienso* ***que*** *es necesario buscar una solución"*.

Hagamos ahora la prueba con los otros ejemplos:
Opino ***de que*** *es necesario seguir investigando.*
Opino ***eso.***
Por tanto, la preposición está de más.
Ejemplos:
Me temo ***de que*** *vas a perder.*
Me temo ***eso.***

Tampoco aquí puede haber preposición.
He oído ***de que*** *finalmente no vendrá.*
He oído ***eso.***
La preposición *"de"* ha desaparecido con la sustitución.

Veamos ahora qué es el **queísmo.** En ocasiones, por miedo al dequeísmo, se acaba incurriendo en este error. Si el dequeísmo consiste en introducir una preposición donde no se necesita, el queísmo es lo contrario: no usar una preposición que obligatoriamente ha de estar ahí.

Más concretamente, consiste en suprimir una preposición que **es necesaria** entre el verbo y la conjunción *"que"*. La preposición puede ser *"de"* o cualquier otra que nos exija un verbo. Ejemplo: *Me acuerdo **que** de joven iba mucho al cine.*

Pero acordarse es siempre acordarse "de algo", como en: *"Acuérdate **de** recoger a los niños"* o: *"No me acuerdo **del** nombre de la calle"*.

Esa preposición es parte integrante del verbo y no podemos construir la oración sin ella. Lo correcto, por tanto, es: *Me acuerdo **de que** de joven iba mucho al cine.*

El método de la sustitución por *eso* nos sigue valiendo: *Me acuerdo **de eso.*** La preposición es obligatoria.

La preposición que se suprime en el queísmo puede ser *"de"* o cualquier otra. Ejemplo: *El presidente insistió que era fundamental remar en la misma dirección.*

Sustituimos: *El presidente insistió en **eso.*** *"Insistir"* pide siempre la preposición *"**en**"*, así que lo correcto es: *El presidente insistió **en** que era fundamental remar en la misma dirección.*

Veamos ahora un par de casos en los que se elimina incorrectamente una preposición antes de la conjunción *"que"*, pero en los que no tenemos verbos. Ejemplo: *No cabe duda que eres tonto del todo.*

Aquí tenemos *"duda"*, que es un nombre, y a continuación *"que"*. Sustituimos por *"eso"*: *"No cabe duda* ***de eso****"*. Ha aparecido la preposición *"**de**"*. Lo correcto es, por tanto: *"No cabe duda* ***de que*** *eres tonto del todo"*.

Otro, ejemplo en este caso con un adjetivo:
Estoy seguro que a partir de ahora vas a prestar más atención.

Sustituimos: *"Estoy seguro* ***de eso****"*. De nuevo ha aparecido la preposición *"de"*. Por tanto, tenemos que decir: *"Estoy seguro* ***de que*** *a partir de ahora vas a prestar más atención"*.

Las redundancias

Una expresión redundante es aquella en la que se repite un mismo significado. Por ejemplo, *subir arriba* (algo que oímos con tanta frecuencia…) contiene una redundancia porque se repite la misma idea, ya que *subir* siempre implica hacerlo *hacia arriba.* Las redundancias no aportan información nueva y son , por lo tanto, innecesarias.

Ejemplos de redundancias:

- *Asomarse al exterior.*
- *Subir arriba.*
- *Bajar abajo.*
- *Un/a chico/a joven.*
- *Lo conocí por primera vez.*
- *Habla cuatro idiomas diferentes.*
- *Insistiré una y otra vez.*

- *Salir afuera.*
- *Solía ir a menudo al cine.*
- *Autodefinirse.*
- *Hechos interrelacionados entre sí.*
- *Utopía irrealizable.*
- *Prever con antelación.*

Comparaciones estereotipadas y tópicos lingüísticos

En castellano existen estructuras comparativas hechas o prefijadas que los hablantes utilizan frecuentemente para destacar la intensidad con que se da una característica o se produce una acción (por ejemplo: ***ser más feo que Picio, más terco que una mula, más listo que el hambre, más fresco que una rosa,*** etc.). Este tipo de estructuras reciben el nombre de comparaciones estereotipadas.

Los *tópicos lingüísticos* o clichés, por su parte, son agrupaciones de palabras, por ejemplo, de nombre y adjetivo (***abrumadora mayoría, marco incomparable, afluencia masiva, claridad meridiana, ambición desmedida,*** etc.) que, por usarse repetidamente, han acabado por fijarse como una unidad en el léxico. Conocer estos tópicos permite ampliar los recursos expresivos, si bien utilizarlos de forma abusiva no es recomendable.

Locuciones

En la lengua existen unidades léxicas que son el resultado de combinaciones de elementos más o menos fijadas. Lo característico de estas unidades es que su significado no es la suma de todos los valores de cada uno de los términos que las componen, sino un significado global que se ha ido consolidando históricamente. Son los refranes y también las locuciones. Estas pueden ser nominales (***rueda de prensa***), adjetiva (***contante y sonante; mondo y lirondo; de altos vuelos; entrado en años...***), etc. Pero son las verbales las que más van a afectar a la hora de elaborar nuestro texto.

Las locuciones verbales son combinaciones de palabras que equivalen a un verbo. Existen verbos que son especialmente productivos a la hora de formar este tipo de elementos. Es lo que ocurre con verbos como *dar, poner* y *hacer,* por ejemplo. A veces, el uso de estas locuciones no es del todo correcto, ya que existe una forma verbal cuyo significado es el mismo. En estos casos, es **recomendable utilizar la forma verbal en vez de la locución,** ya que carga de forma innecesaria nuestro texto.

Ejemplos:
Hacer mención — mencionar / Hacer frente — enfrentarse a
Hacer presión — presionar / Poner remedio — remediar
Prestar atención — atender / Dar crédito — creer
Echar la culpa — culpar / Poner término — terminar
Tomar en consideración — considerar
Prestar ayuda — ayudar

Abreviaciones y onomatopeyas

La abreviación es un procedimiento de formación de palabras que consiste en reducir una palabra o expresión compleja mediante la supresión de determinadas letras o sílabas.

Siglas, acrónimos y **abreviaturas** son tres clases de abreviaciones. Las dos primeras pertenecen a la lengua oral y a la lengua escrita, mientras que la tercera pertenece exclusivamente a la escrita.

- **Siglas**. Son palabras formadas por las iniciales de cada una de las palabras que forman parte de una expresión compleja.
  Ejemplos:
  ITV *(Inspección Técnica de Vehículos)*
  IVA *(Impuesto sobre el Valor Añadido)*

  Las **siglas** se escriben generalmente en mayúsculas y sin puntos. Si la sigla va acompañada de un determinante, este concuerda en género y número con la primera palabra de la sigla.
  Ejemplo:
  la *ONG*
  las *ONG*

  Como vemos en el ejemplo anterior, el plural de las siglas se construye haciendo variar las acompañan.
  Ejemplos: ***las ONG*** / ***tres TAC*** / ***las UVI*** del hospital.

- **Acrónimos**. Son siglas que se pronuncian como una palabra ***(OTAN, SIDA)***. Es muy frecuente que los acrónimos acaben por incorporarse al léxico común y se escriban con letras minúsculas (*ovni, sida*), salvo cuando se trata de nombres propios ***(Unicef)***.

- **Abreviaturas.** Son reducciones gráficas de una palabra o de un grupo de palabras que se forman eliminando algunas de sus letras o sílabas.
  Las abreviaturas pertenecen a la lengua escrita, no a la lengua oral, y siempre terminan en punto o, en casos concretos, en una letra voladita o en una barra oblicua.
  Ejemplos:
  admón. (administración)
  n.º (número)
  c/ (calle)

  Puede haber varias formas de abreviatura para una misma palabra.
  Ejemplo: ***tel., teléf., tfno.*** (teléfono)

  Cuando una palabra lleva tilde, esta se conserva en la abreviatura si aparece en ella la vocal acentuada.
  Ejemplo: ***cód.*** (código)

No es posible establecer una lista definitiva de abreviaturas, por la razón de que no es posible establecer un número fijo y constante de las mismas. Hay libertad para crear las que se consideren oportunas, especialmente en obras como diccionarios, catálogos, bibliografías, etc. Al frente de este tipo de obras se sitúa siempre la tabla de abreviaturas que se han utilizado. Incluimos aquí una lista (necesariamente incompleta) de las abreviaturas convencionales más usuales en español.

a. arroba (también @)
A. alteza
(a) alias
A/A a la atención
aa. vv.; **AA. VV.** autores varios
a. C. antes de Cristo
A. D. *anno Dómini* (lat.: "en el año del Señor")
a. de C. antes de Cristo
a. de J. C. antes de Jesucristo
admón. administración
adm.or (fem. adm.ora); admr. administrador
a. J. C. antes de Jesucristo
a. m. *ante merídiem* (lat.: "antes del mediodía")
apdo. apartado
A. R. alteza real
Arq. arquitecto, -ta
art.; art.º artículo
A. T. Antiguo Testamento
atte. atentamente
av.; **avd.**; **avda.** avenida
Barna. Barcelona (ciudad de España)
Bco. Banco ('entidad financiera')
Bibl. biblioteca
Bo.; B.º barrio
Bs. As. Buenos Aires (capital de la Argentina)
c. calle (también **c/** y **cl.**)

C.ª compañía (también **Cía.**, **C.ía** y **Comp.**)
C. A. compañía anónima || comunidad autónoma [Esp.]
caj. caja || cajón
cap. capítulo (también **c.** y **cap.º**)
Cap. capital || capitán
Cap. Fed. capital federal (también **C. F.**)
cap.º capítulo (también **c.** y **cap.**)
C. C. casilla de correo
c/c cuenta corriente (también **cta. cte.**)
Cdad. ciudad
c. e. correo electrónico
cgo. cargo (también **c/**)
cód. código
col. colección
Col. colegio
C. P. código postal
cta. cuenta (también **c/**)
cta. cte. cuenta corriente (también **c/c**)
c/u cada uno
D. don
D.ª doña (también **Dña.**)
d. C. después de Cristo (también **d. de C.**)
dcho. (fem. **Dcha.**) derecho
D. E. P. descanse en paz
depto. departamento (también **dpto.**)
desct.º descuento (también **dto.**)
D. F. Distrito Federal
d/f días fecha
dicc. diccionario
Dir. (fem. **Dir.a**) director || dirección
D. L. depósito legal

doc. documento
D. P. distrito postal
dpto. departamento (también **depto.**)
Dr. (fem. **Dra., Dr.ª**) doctor
dto. descuento (también **desct.º**)
dupdo. duplicado
e. c. era común
e/c en cuenta
ed. edición || editorial (también **edit.**) || editor, -ra
edit. editorial (también **ed.**)
edo. estado ('división territorial dentro de una nación')
EE. UU. Estados Unidos
ej. ejemplo || ejemplar (sustantivo masculino)
entlo. entresuelo
e. p. d. en paz descanse
e. p. m. en propia mano
et ál. *et álii* (lat.: 'y otros')
etc. etcétera
Exc.ª excelencia
excl. exclusive
Excmo. (fem. **Excma.**) excelentísimo
f. folio (también **fol.** y **f.º**)
f.ª factura (también fra.)
fasc. fascículo
F. C. ferrocarril
Fdo. firmado
féc. *fécit* (lat.: 'hizo')
FF. AA. Fuerzas Armadas
fig. figura
f.º; fol. folio (también **f.**)
fra. factura (también **f.ª**)

Gdor. (fem. **Gdora., Gdor.ª**); **Gob.** gobernador, -ra
Gral. general
H.; **Hno.** (fem. **Hna.**) hermano, -na
I. ilustre (también **Il.** e **Iltre.**)
ib.; ibíd. *ibídem* (lat.: 'en el mismo lugar')
íd. *ídem* (lat.: 'el mismo, lo mismo')
igl.ª iglesia
imp. imprenta (también **impr.**)
impto.; **impto** impuesto
incl. inclusive
Ing. ingeniero, -ra
Inst. instituto
izdo. (fem. **izda.**); **izq.; izqdo.** (fem. **izqda.**) izquierdo, -da
J. C. Jesucristo
JJ. OO. Juegos Olímpicos
l. c. *loco citato* (lat.: 'en el lugar citado'; también **loc. cit.**)
Lcdo. (fem. **Lcda.**); **Ldo.** (fem. **Lda.**);**Lic.** licenciado, -da
Ltd. *limited* (ingl.: 'limitado, -da')
Ltdo. (fem. **Ltda.**) limitado
máx. máximo
mín. mínimo
ms. manuscrito
n. nota
N.ª S.ª Nuestra Señora (referido a la Virgen; también **Ntra. Sra.**, **Ntr.ª Sr.ª**)
N. del T. nota del traductor
n.º; **nro.** número (también **núm.**)
ob. cit. obra citada
O. M. Orden Ministerial [Esp.]
óp. cit. *ópere citato* (lat.: 'en la obra citada')
p. página (también **pg.** y **pág.**)

P. papa || padre ('tratamiento religioso')

p. a. por ausencia || por autorización (también **P. A.**)

pág. página (también **p.** y **pg.**)

párr. párrafo

P. D. posdata

pdo. pasado

Pdte. (fem. **Pdta.**) presidente

p. ej. por ejemplo

p. k. punto kilométrico

pl.; plza. plaza (también **pza.**)

p. m. *post merídiem* (lat.: 'después del mediodía')

p. o.; **P. O.**; **p/o** por orden

p. p. por poder || porte(s) pagado(s)

ppal.; **pral.** principal

Prof. (fem. **Prof.ª**) profesor

pról. prólogo

prov. provincia

P. S. *post scríptum* (lat.: 'después de lo escrito')

P. V. P. precio de venta al público

q. e. p. d. que en paz descanse

reg. registro

Rep. república

R. I. P. *requiéscat in pace* (lat.: 'descanse en paz')

r. p. m. revoluciones por minuto

RR. HH. recursos humanos

Rte. remitente

s. siglo || siguiente (también **sig.**)

S. san

s. a.; s/a sin año [de impresión o de edición]

S.ª señoría || señora

S. A. sociedad anónima || su alteza

S. A. R. su alteza real
s. d. *sine data* (lat.: 'sin fecha [de edición o de impresión]')
Sdad. sociedad (también **Soc.**)
S. E. su excelencia
s. e. u o. salvo error u omisión
s. f.; **s/f** sin fecha
sig. siguiente (también **s.**)
s. l.; **s/l** sin [indicación del] lugar [de edición]
S. L. sociedad limitada
S. M. su majestad
s. n.; **s/n** sin número (referido al inmueble de una vía pública)
Soc. sociedad (también **Sdad.**)
S. P. servicio público
Sr. (fem. **Sra., Sr.ª, S.ª**) señor
S. R. C. se ruega contestación
Srta. señorita
s. s. seguro servidor || **s. s. s.** su seguro servidor
S. S. su santidad
Sto. (fem. **Sta.**) santo
s. v.; **s/v** *sub voce* (lat.: 'bajo la palabra', en diccionarios y enciclopedias)
t. tomo
tel.; **teléf.** teléfono (también **tfno.**)
tfno. teléfono (también **tel.** y **teléf.**)
tít. título
trad. traducción || traductor, -ra
U.; **Ud.** (pl. irreg.: **Uds.**) usted
Univ. universidad
v/ visto
Vd. (pl. irreg.: **Vds.**) usted (p. **us.**; también **U.**, **Ud.** y **V.**)

Vdo. (fem. **Vda.**) viudo
V. E. vuestra excelencia
v. g.; **v. gr.** *verbi gratia* (lat.: 'por ejemplo')
vid. *vide* (lat.: 'mira'; equivale a **véase**)
V. O. versión original
V.º B.º visto bueno
vol. volumen
V. O. S. versión original subtitulada
vs. *versus* (ingl.: 'contra')
V. S. vuestra señoría
vto. (fem. **Vta.**) vuelto
vv. aa.; VV. AA. varios autores
W. C. *water closet* (ingl.: 'servicio, retrete')
Xto. Cristo

A diferencia de las abreviaturas, que a menudo no tienen una forma fija y **se escriben con un punto,** los símbolos sí son formas fijas y **nunca llevan punto.** Ejemplo: ***min*** (minuto)

Las onomatopeyas son expresiones que imitan el sonido de una cosa o acción. A menudo aparecen entre signos de exclamación y pueden escribirse en mayúsculas. Las onomatopeyas formadas por repetición de uno o varios elementos se escriben normalmente **como una palabra** y no deben superar las tres sílabas. Ejemplo: ***blablablá***
Si las repeticiones son **de más de tres sílabas** o la expresión tiene un valor puramente onomatopéyico para imitar o evocar el sonido real, lo recomendable es escribir cada elemento **aislado** y **separado por comas.** Ejemplo: ***ja, ja, ja, ja***

La correcta redacción

Para esta sección hemos extraído numerosos ejemplos e indicaciones de la obra titulada *Cómo se escribe,* de la doctora italiana María Teresa Serafini, que aparece en la bibliografía al final del libro.

Saber redactar es la condición previa a la calidad literaria del estilo, cualquiera que sea su clase: literario, técnico, periodístico, didáctico, etc.

En un artículo del académico Guillermo Díaz Plaja, publicado el 15 de agosto de 1972 en el diario *La Vanguardia* (por aquel entonces *La Vanguardia Española*), tan insigne pluma se hacía eco del trabajo que había merecido el primer premio en el concurso general de redacción de final de Bachillerato en Francia. Su autor, un muchacho de diecinueve años. Lo que a Díaz Plaja le interesa destacar no es tanto el contenido del trabajo, sino la madurez del autor en cuanto a su dicción escrita. Le cedemos la palabra:

«No hablo, ahora, de su peso específico. De la asombrosa preparación que su redacción supone; de su erudición histórica y de su información actual; ni siquiera he de referirme a la espléndida sensación de equilibrio que produce la claridad de juicio con que enfrenta las doctrinas aducidas, desde los clásicos a Nietzsche, Maurras, Marcuse, Bakunin, Sartre o Bretón, en busca de una solución intelectual del problema acaso más arduo de la filosofía occidental. Lo que quisiera subrayar aquí es lo que he expresado arriba con la palabra "madurez" (en el estricto sentido de capacidad de síntesis primero, y de expresión intelectual) que se exige a los muchachos franceses —desde la escuela a la universidad— en orden a facilitar su dicción escrita. Son, sí, centenares y centenares de ejercicios escolares, sin duda fatigosos. *"Composition", "rédaction", "resumé", "synthése"*, ¡cuántas veces no hemos leído esta palabra en los programas escolares de nuestros vecinos ultrapirenaicos! La disciplina de la mente se hace del denodado esfuerzo con que se domina, se doma, la expresión escrita, lo que permite expresarse con corrección en la redacción, en la correspondencia, y, como consecuencia, en la expresión hablada, evitando los afluctivos tranquillos y muletillas con que se adorna nuestra cojitranca fraseología. Leed cartas, repasad informaciones por radio o por televisión. ¡Qué penosa, qué grotesca incapacidad para dar ilación al pensamiento! ¡Qué insistente acudir al "desde luego", al "o sea", al "bueno", al "pues", al galimatías!

No le demos vueltas. Quien así se expresa tiene, también, cojitranco el pensamiento. La expresión clara y ordenada es el reflejo de una intelección lúcida. La frase es el espejo de la mente».

¿Y el "estilo"?

En un sentido literario, *estilo* es el modo de escribir, peculiar y privativo de un escritor. Es como el sello de la personalidad literaria. Decía don Quijote que «la pluma es la lengua del alma: cuales fueren los conceptos que en ella se engendraren, tales serán sus escritos".

Naturalmente, las formas del estilo dependerán de la personalidad del escritor, de su ingenio y del tono que adopte. Los antiguos teóricos distinguían tres grados en el estilo: sencillo, medio y elevado o sublime.

El estilo *sencillo* es nuestro objetivo. Este estilo consiste en expresar las ideas con naturalidad, dentro de una absoluta corrección gramatical. Es el que nos recomendaba ese gran maestro de la redacción sencilla y elegante que fue Azorín:

"*Escribimos mejor cuando más sencillamente escribimos, pero somos contados los que nos avenimos a ser naturales y claros*".

Y nos dice el mismo Azorín en otro testimonio:

«*El estilo es escribir de tal modo que quien lea piense: "Esto no es nada". Que piense: "Esto lo hago yo". Y que, sin embargo, no pueda hacer eso tan sencillo*».

Esquema inicial

Naturalmente, la composición de un texto escrito exige una serie de pasos para concretar el proceso de redacción. Los exponemos aquí, de forma esquemática:

- Hacer acopio de ideas.
- Establecer las relaciones entre dichas ideas, mediante un esquema.
- Planificar el texto:
  - Finalidad del escrito.
  - Enfoque que vamos a utilizar (impersonal, subjetivo, objetivo).
  - Destinatario.
  - Modalidad textual.
  - Tono, lenguaje y estilo.
  - Extensión del texto.
- Redactar.
- Revisar.

Los cinco consejos básicos de Alberto Bustos

Alberto Bustos es un filólogo y especialista en la didáctica de la lengua española, muy activo en las redes sociales y los medios de comunicación. En su bitácora sobre lengua[1], Bustos nos da cinco consejos básicos para subir un peldaño en la calidad y la efectividad de nuestra redacción.

1 https://blog.lengua-e.com

Están pensados sobre todo para textos prácticos, pero al tratarse de un estilo de redacción exigente, nos puede servir como ejercicio para afinar otros tipos de escritura.

1. Seamos breves

Si podemos expresar algo en tres párrafos, no lo estiremos hasta llegar a cinco. Si podemos despacharlo en dos oraciones, no nos empeñemos en que sean cuatro. Si basta con una palabra, no obliguemos al lector a leer dos. Y si nos es posible usar palabras breves y concisas, no rebusquemos las más largas y complicadas que podamos encontrar en el diccionario. "La atención del lector es el bien más preciado y escaso que existe", nos recuerda Bustos. No divaguemos. Si nuestro texto se alarga en exceso, podémoslo. Si nuestros párrafos se estiran, acortémoslos. Si a nuestras oraciones no se les ve el final, troceémoslas. Y si acumulamos palabras demasiado largas, cambiémoslas por sinónimos breves y certeros.

Por ejemplo, si podemos escribir *influir*, no escribamos *influenciar*. Si queremos decir el *mal tiempo*, no lo convirtamos en *las inclemencias de la climatología*.

El único peligro a evitar aquí es el estilo telegráfico. Pero, como dice el autor de la bitácora, "puestos a pasarnos, más vale que sea por el lado de la brevedad que por el de la verborrea".

2. **Seamos sencillos**

Prescindamos de estructuras retorcidas y de giros rebuscados. Es mejor evitar las palabras rimbombantes. Busquemos siempre el vocabulario de uso común, pero sin caer tampoco en lo vulgar: las palabras que podría entender una persona de cultura media sin necesidad de acudir al diccionario. Si no sabemos lo que significa una palabra, si no entendemos lo que significa una expresión, no la escribamos. Iremos a buscarla al diccionario y así nos evitaremos el error o el equívoco. Bustos nos da una pista: "Las expresiones que suenan muy importantes suelen ser incorrectas. Casi siempre te impresionan porque no son de uso general y no son de uso general porque no se deben usar. Pero cuando escribimos con sencillez y naturalidad, es muy difícil meter la pata".

3. **Seamos claros**

"Si no se entiende, no sirve. La claridad se consigue con el orden", nos recomienda el autor del *blog*. Y desde luego la claridad no se consigue amontonando palabras ni oraciones. Primero hay que poner una idea, después otra y, cuando haya terminado esa, entonces viene la siguiente. Y mientras las colocamos, debemos asegurarnos además de que la primera sea la más importante. Bustos nos propone un ejemplo: *Es un líder que, incluso en los momentos más críticos, cuando todos le abandonaban, supo, por encima de todo, creer en sus ideales.*

Se trata de una oración compleja con muchas nociones incrustadas unas dentro de otras. Por tanto, nos conviene romper esta oración. Hay que sacar esas ideas de ahí y ponerlas sueltas, una detrás de otra y bien ordenadas, de modo que se entienda mejor. La oración se convertirá en lo siguiente:

Es un líder que supo creer en sus ideales por encima de todo. Lo hizo incluso en los momentos más críticos, cuando todos le abandonaban.

Como podemos ver, el autor ha utilizado puntos y comas para separar y ordenar lo que en un principio era un revoltijo de ideas.

Un excelente consejo que nos proporciona Bustos es el siguiente: "La claridad también la conseguirás leyéndole tu texto a alguien. Así comprobarás si se entiende o si necesitas mejorarlo".

4. **Seamos precisos**

Para ser precisos en nuestro texto es fundamental tener claro lo que queremos decir.

Como dice nuestro experto: "No podrás afinar mucho la redacción si el texto se cae por la base. La base es el contenido: las ideas que quieres expresar".Una vez comprendida esta premisa básica, podemos aplicar algunas claves que nos proporciona:

a) **Evitemos la ambigüedad**

Es preciso que todas nuestras oraciones admitan una interpretación y solamente una interpretación (a no ser, naturalmente, que se trate de un texto literario).

Veamos el ejemplo que se nos propone:

La primera ministra afirmó que no dimitiría, como le pedían muchos miembros de su partido.

¿Qué le pedían los miembros del partido?

¿Que dimitiera o que afirmara que no pensaba dimitir?

b) **Usemos el vocabulario con propiedad**

Esto quiere decir simplemente que todas las palabras tienen que significar lo que nosotros creemos que significan. Debemos consultar en el diccionario todas las palabras que nos hagan dudar, pero también unas cuantas de las que tenemos claras, pues, como Bustos nos recuerda, "ahí es donde suelen acechar los errores".

c) **Usemos vocabulario específico**

Le cedemos la palabra al autor de la bitácora: "Procura siempre escribir sobre petunias, no sobre flores. Construye viviendas, no te conformes con hacerlas. En tus textos, los cuervos deben graznar. No basta con que griten o chillen".

5. **Revisemos**

No debemos dar nunca un texto por terminado sin releerlo. Naturalmente, la primera relectura deberá ser la del autor del texto, pero es bien sabido que cuatro ojos ven más que dos. A menudo necesitaremos la opinión de otra persona, preferiblemente alguien "con criterio".

La estructura de la frase

Antes de pasar a hablar del párrafo, elemento fundamental en la estructura de la construcción del texto, expondremos algunas reglas básicas al respecto de la oración, para que nuestra redacción gane en claridad.

Evitaremos las **frases pasivas.** Las frases activas son más claras y su construcción es más fácil. Así, en lugar de *ha sido realizado,* por ejemplo, es mucho mejor escribir *se ha realizado.*

Evitaremos el **infinitivo narrativo.** No es correcto comenzar con: *Decir solo que…; Comunicarle que...*

Evitaremos las **frases elípticas,** por demasiado coloquiales. En el lenguaje escrito es conveniente explicitar el verbo. Así, en lugar de decir: *Hoy me toca a mí. Mañana, a Juan.* Es mejor decir: *Hoy me toca a mí. Mañana le toca a Juan.*

Evitaremos el **quesuismo,** es decir, el uso incorrecto de la combinación *que* + *su* en lugar del relativo *cuyo.*
Ejemplo:
Incorrecto: *Entonces llegó Pepe,* ***que su*** *hermano es policía.*
Correcto: *Entonces llegó Pepe,* ***cuyo*** *hermano es policía.*

Evitar **calcos sintácticos** procedentes de otros idiomas, tales como el uso de *es por eso que* o *es por ello que…* (por desgracia tan frecuentes) como introducción a una conclusión. En español lo correcto es usar conectores como *por eso* o *por ello.*

Evitar las expresiones ***a nivel de*** (mejor sustituirla por *en* o *entre*) y ***en base a*** (mejor usar *según*).

Evitar el uso de **a + infinitivo**, como en: *enemigo* ***a batir,*** *instrucciones* ***a seguir,*** *consideraciones* ***a tener*** *en cuenta,* etc.

El párrafo

El párrafo desempeña en el texto la misma función que desempeñan los ladrillos de una casa: son la estructura de la construcción. La unión de oraciones constituye un párrafo. Aparece marcado en la escritura con el signo gráfico del punto y aparte. El respiro que supone esta pausa nos permite asimilar la información anterior y nos prepara para recibir una nueva.

Una vez confeccionado el esquema (mental o escrito) de lo que queremos escribir, tendremos que desarrollar todos sus puntos para elaborar el texto. Cada idea o bloque de ideas será utilizado para un párrafo. De forma sintética, podemos decir que nuestro texto estará formado por tantos párrafos como ideas hayamos incluido en nuestro esquema.

El texto se define por su unidad temática. Todo gira en torno a una idea principal y básica. Al mismo tiempo, la información deberá ir progresando a lo largo de los párrafos que lo componen. Cada uno de ellos expresa parte del tema del texto.

El texto tiene que presentar una estructura definida. Deberemos señalar con claridad:

- El inicio o introducción.
- El final del texto.
- La división en párrafos, de una forma fácilmente identificable para el lector.

Las partes del texto deben estar relacionadas entre sí. Para ello se utilizan los denominados **medios de cohesión.**

Cada párrafo aporta un segmento de información nueva que hace avanzar el tema (es lo que se denomina **progresión temática**), y debe estar unido al resto de párrafos para proporcionar una sensación de unidad.

Para asegurar la unidad y la cohesión entre las distintas partes de un texto, se utilizan, como hemos dicho ya, los medios de cohesión. Veámoslo en esta noticia periodística:

Mandanga, el símbolo deseado por los rebeldes en su batalla contra el coronel Tapioca

La ciudad de Mandanga se ha convertido en uno de los puntos calientes de las **revueltas** en Zambomba. A mitad de camino entre Villarriba y Villabajo, **el lugar donde nació el coronel Tapioca** ha sido y sigue siendo un feudo del **dictador,** pero **los revolucionarios** se han marcado como objetivo hacerse con **él** y avanzan decididos para conquistar**lo.**

A la importancia estratégica de **Mandanga,** que acoge una enorme base militar y varias instalaciones petroleras, hay que sumar el valor simbólico que alberga para el régimen de **Tapioca.**

La cuna del líder mandangués se transformó con su llegada al poder en 1979. **Su** decadencia y oscurantismo dejaron paso a la fastuosidad que ha caracterizado **al dictador quien,** en algunos momentos de su mandato, intentó trasladar la capital del país a **este punto.**

No lo hizo, pero sí consiguió que gran parte de las instituciones gubernamentales más importantes establecieran en **Mandanga sus** sedes, así como varios de los ministerios del Gobierno.

Golpe psicológico

Conseguir la victoria rebelde en **esta plaza** supondría asestar un importante golpe psicológico a los leales **al dictador** y tener el control de **una ciudad con nombre propio en el panorama internacional,** especialmente en el ámbito de las relaciones políticas africanas.

La localidad acogió la firma del "Pacto de Mandanga" en 1989, una declaración que dio origen a la Unión Liliputiense (inspirada en la Unión Europea), en sustitución de la Organización para la Unidad Liliputiense. **También,** coincidencia del destino, se estableció en **ella** la sede del Fondo de las Naciones Unidas para la Timocracia (UNTEF).

Mandanga cuenta, **además,** con un imponente Palacio de Congresos —el más grande del norte del continente— construido con mármol de Carrara. En **su** interior se han celebrado numerosas cumbres y reuniones **a las que** han asistido líderes de todos los puntos del mundo.

Señala la agencia Monsters que cientos de soldados custodian los alrededores de **la ciudad** cada vez que acoge un evento de estas características. El tráfico queda interrumpido durante horas y docenas de policías escoltan la comitiva oficial **del líder** a caballo de **sus** Yamahas.

Esos mismos soldados se repliegan ahora por toda **la ciudad** para tratar de frenar el avance de los **grupos revolucionarios,** que en los últimos días han tomado el control de puntos del este tan importantes como Ben Ito, el puerto de Pastrana, Ras al-Ghoul o Ben Imerín, a unos 200 kilómetros de **Mandanga.**

Los peores pronósticos hacen temer que **la ciudad** se convierta en el escenario de una cruenta batalla entre partidarios y detractores **del líder.** Si **estos últimos** se hicieran con la victoria, el camino hacia la capital quedaría despejado.

Veamos cómo se encuentra cohesionado el texto de esta noticia:

Uso de términos y expresiones referidos a Mandanga *(la ciudad de Mandanga, el lugar donde nació el coronel Tapioca, Mandanga, la cuna del lider mandangués, la ciudad, esta plaza, una ciudad con nombre propio en el panorama internacional, la localidad, la ciudad),* al coronel Tapioca *(Tapioca, el coronel Tapioca, el dictador, el líder mandangués, el líder),* o a la oposición *(los rebeldes, las revueltas, los revolucionarios, los grupos revolucionarios).*

Uso de pronombres o deícticos (los pronombres personales, los demostrativos, los adverbios de tiempo y los de lugar): *con él, conquistarlo, su, lo, estas, esos mismos, estos últimos.*

Conectores: *también, además.*

Es decir, que tanto los sinónimos como el pertenecer al mismo campo semántico (es decir, aquellas palabras de la misma categoría gramatical, que comparten un significado básico, pero se diferencian entre ellas por algún rasgo específico, como motocicleta, coche, camión, bicicleta, etc.) sirven de nexo de unión.

Además, el léxico utilizado está ligado al conflicto: *rebelde, batalla, puntos calientes, revueltas, conquistarlo, base militar, soldados, etc.*

Los mecanismos de cohesión de un texto son las repeticiones, los medios léxicos, los pronombres, las elipsis y los conectores.

Repeticiones

La repetición es un medio de cohesión fuerte que, usado bien, da unidad al texto, pero que también puede ser una muestra de nuestra escasez de léxico y nuestra incapacidad de redacción. Debemos por tanto usarla con mesura.

Las repeticiones pueden ser de palabras, de sonidos, de estructuras sintácticas o de contenidos.

- **Repetición de palabras.** La repetición del mismo término es más frecuente en textos poco elaborados. Sí que encontraremos estas reiteraciones en textos literarios de forma consciente, con la intención de conseguir un efecto de estilo.

Tiene un efecto de refuerzo de la información que permanece en la mente del receptor.
Ejemplo: *Recuerdo* ***los*** *olores,* ***los*** *sabores,* **los** *sonidos... Recuerdo bien* ***cada*** *detalle,* ***cada*** *instante.*

- **Repetición de sonidos.** A veces la repetición concierne a los sonidos. Es frecuente encontrar este recurso en campañas publicitarias (*Unidos para unir*).

- **Repetición de estructuras sintácticas.** Las podemos encontrar en el mismo orden sintáctico (paralelismo): (***El placer de*** *conducir.* ***El placer de*** *viajar*) o de orden inverso (quiasmo): (*Hay muchos* ***que siendo pobres merecen ser ricos,*** *y los hay* ***que siendo ricos merecen ser pobres***).

- **Repetición de contenidos.** Es lo que recibe el nombre de *cohesión léxica.* Veamos cómo, en este texto de Octavio Paz, podemos encontrar las variantes *esperanza, espera, espero,* en diferente posición sintáctica.
Y sobre todo ***sin esperanza.*** *Ya sé que es inmortal y que, si somos algo, somos* ***esperanza*** *de algo. A mí ya me gastó la* ***espera****... Y, en silencio, espero el* ***acontecimiento.***

El caso más sencillo de cohesión léxica es que los términos de un párrafo pertenezcan al campo semántico, es decir, que hablen de lo mismo. De este modo, cada párrafo trataría un tema. Esto daría lugar a un esquema simple, claro y rentable:

- Una introducción advirtiendo del contenido.
- Varios párrafos de desarrollo, cada uno de un aspecto del tema.
- Un cierre o conclusiones.

Por ejemplo, si queremos hablar del COVID-19, tendremos que:

- Abrir el tema.
- Situarlo entre las enfermedades.
- Hablar de los síntomas, curas posibles o tratamientos.
- Estadísticas de la incidencia en la población.
- Prevención
- Cierre

Cada punto ocuparía un párrafo y los términos pertenecerían a campos semánticos diferentes.

Pronombres y correferencia

Otro mecanismo muy utilizado para conectar las partes de un texto es recurrir a:

- Expresiones distintas alusivas al mismo referente. Es lo que conocemos como *correferencia*. Así, podemos llamar a alguien "Luis" o "el hombre que vive con Marta".

- Pronombres que sustituyen lo anterior o lo posterior.

De esta manera, evitamos la repetición en la denominación y hacemos avanzar el tema. Son procedimientos muy empleados, por ejemplo, en los textos periodísticos y administrativos.

Elipsis

A veces la relación entre las informaciones de un texto se manifiesta a través de la eliminación de algunas expresiones: la elipsis. Cuando el contexto permite interpretar aquello a lo que se refiere, porque está explícito anteriormente, eliminamos su expresión. Esto es casi obligatorio en español en el caso de los sujetos oracionales, porque las marcas de las personas van en el verbo.

Así, en el texto siguiente, veremos cómo casi todas las acciones referidas al protagonista del texto, el cocinero René Pepito se expresan mediante: *ha sido, abrió, dirigió.*

> **René Pepito**
>
> **El alumno supera al maestro**
>
> René Pepito nació en Pernambuco, de padre judío emigrado de Sarajevo, en la antugua Yugoslavia, y madre sueca. **Ha sido** discípulo de Herman Cohen en El Burro. **Abrió** Gilda hace seis años, **fue distinguido** con su primera estrella Michelin en 2009 y, al año siguiente, con la segunda. La documentada página *web* Trip Advisor anticipó a Gilda la condición de mejor restaurante del hemisferio norte hace dos años, y el

congreso *Lo mejor para comer* de Kigali le nombró chef del año 2009. Este año **dirigió** la sesión de cocina con sobras en París-Fusión y **ha sido** jurado del Premio Bocatas.

Los conectores

Los conectores son pistas que nos indican las relaciones de contenido. Si queremos que todo quede claro, usaremos estos medios para establecer la conclusión, ilustrar la exposición con ejemplos, unir argumentos o datos que están en el mismo plano (además, por otra parte, así mismo), o contrarios (sin embargo, ahora bien, pero, no obstante). Sin ellos, las relaciones quedarían al arbitrio del que interpreta el texto.

Así, por ejemplo, dos informaciones vinculadas a un mismo sujeto, como "*El padre de María está muy bien relacionado*" y "*El padre de María forma parte de la Junta Directiva de Danone*", pueden interpretarse de forma distinta según las relaciones que establezcamos entre ellos por medio de conectores:

- Asociados en relación de igualdad, como dos hechos de igual importancia:
  El padre de María está muy bien relacionado y forma parte de la Junta Directiva de Danone.

- Relacionados como efecto-causa: *El padre de María está muy bien relacionado* ***porque*** *forma parte de la Junta Directiva de Danone.*

- O en oposición, revelando una actitud del hablante sorprendida ante el segundo hecho: *El padre de María está muy bien relacionado,* ***aunque*** *forma parte de la Junta Directiva de Danone.*

Como vemos, necesitamos un conector para que quede claro qué queremos decir.

Estos elementos, junto con las conjunciones, sirven para unir enunciados y párrafos. Es su función específica, y por tanto debemos conocerlos y aprender a usarlos. Son los elementos más claros de la conexión, los que orientan claramente la interpretación. Presentamos a continuación los principales conectores organizados por las funciones o estrategias expresivas a las que sirven, recogidas por Catalina Fuentes Rodríguez en su *Guía práctica de escritura y redacción* (v. Bibliografía).

Unen dos informaciones que se presentan al mismo nivel: además, así mismo, al mismo tiempo, de igual forma, de igual modo, de la misma forma, de la misma manera, de otra parte, de otro lado, del mismo modo, igualmente, lo mismo, por lo demás, por otra parte, por otro lado.

- Unen dos informaciones que se encuentran en posición gradual, es decir, elementos en diferente nivel argumentativo: introducen el hecho más alto (*encima*) o menos esperado (*incluso, inclusive, por si fuera poco*).

- Expresan una información marginal, recordada en el momento (digresión), pero relevante y relacionada en algún sentido con lo anterior: *por cierto, a propósito, a todo esto.*

- Son específicos de textos cultos conectores como: *es más, más aún, todavía más.*

- Añaden un paralelismo conectores como: *paralelamente, por su parte, a su vez.*

- Unen hechos no relacionados: *aparte.*

Ordenan secuencialmente la información:

- Para iniciar el discurso: *de entrada, para empezar…*

- Para cerrar el discurso: *bien, bueno, en fin, en resumen, en último lugar, para terminar, por lo demás…*

- Para enumerar: *en primer lugar, en segundo lugar, primero / segundo, por una parte / por otra…*

- Introducen una conclusión que cierra todo lo anterior: *en conclusión, en definitiva, en resumidas cuentas, en suma, en tal caso, entonces.*

- Introducen el efecto provocado por una casa. De entre ello los más frecuentes son: *por lo tanto, entonces.*

- Relacionan elementos contrarios. Podemos encontrar los siguientes casos:

  · Una posibilidad en contra, equivalente a "si no": en caso contrario.
  · Una oposición de dos hechos sin más: *ahora bien, ahora, bien al contrario, en todo caso*...
  · Si entre ellos hay un paralelismo empleamos *en cambio, por el contrario.*
  · Para introducir un efecto que se produce a pesar del obstáculo señalado en la oración anterior se utilizan los concesivos (*aunque, aun cuando*). El argumento anterior es un obstáculo para la realización de la principal, pero el hablante no lo tiene en cuenta. De todos ellos, los más usados son *de todas formas, de todas maneras, de todos modos.*

- Introducen un nuevo enunciado que modifica lo anterior, ya sea una explicación (*o sea, es decir*...), una corrección (*bueno, mejor dicho*...), o un caso concreto que ilustra una afirmación general: *en concreto, en especial, en particular.*

- Ordenan los hechos cronológicamente: *a continuación, después, entretanto, finalmente, mientras tanto, por último, primero, por fin*...

- Presenta un ejemplo que ilustra lo anterior: a*sí, pongamos, pongamos por caso, por ejemplo, un ejemplo.*

Veamos cómo se usan en un texto:

[…] No es preciso decir que hay hobbits para los que tener que usar este tipo de estrategias para crear ambiente de equipo les parece un procedimiento satisfactorio; pero hay también medianos a quienes les parecen una farragosa carga "extra". La cuestión es que, se sientan o no absolutamente cómodos con la relación de implicación personal con los enanos y elfos, parece que en **cualquier caso** los hobbits con cargos directivos no pueden desconsiderar la existencia y expectabilidad de dicho tipo de patrones comunicativos.

Es preciso no perder de vista, **con todo,** que a pesar de que algunos estudios muestran que tratar sobre cuestiones personales en el campo de batalla puede ser un medio para crear relaciones horizontales próximas y leales, en ocasiones también puede crear problemas en las organizaciones. Las relaciones construidas con un componente importante de lazos de tipo personal pueden llegar a generar confusas relaciones de poder y solidaridad. **Así mismo,** algunos interlocutores pueden interpretar este tipo de relación como una táctica de manipulación y de intrusión, que, **además,** puede tener consecuencias relativas, ya que la persona que revela sus problemas expone sus debilidades.

De hecho, investigaciones recientes realizadas a lo largo de toda la Tierra Media sobre las prácticas comunicativas utilizadas en el campo de batalla exponen una situación parecida a la que se acaba de presentar, pero que provoca, aún, una desazón mayor […].

En este texto encontramos los siguientes conectores: ***en cualquier caso*** (concesivo), ***con todo*** (concesivo), ***así mismo*** (adición), ***además*** (adición), ***de hecho*** (justificativo). A través de ellos se proporciona la siguiente información:

- Con *en cualquier caso* hemos obviado la información precedente sobre la comodidad o incomodidad que sienten los hobbits en puestos de liderazgo y que podría haber llevado a la conclusión contraria. Afirmamos que, a pesar de ello, se producen dichos patrones comunicativos.

- *Así mismo* añade un argumento en la misma línea que el que precede.

- *Además* añade a esta última información otra: puede tener consecuencias negativas.

- Por último, *de hecho* aporta un argumento que apoya lo que acabamos de decir: investigaciones recientes lo demuestran.

- *Con todo* introduce una consecuencia tampoco esperada, y que va en una línea contraria a la del párrafo anterior. Ahora se anuncian los problemas que un trato comunicativo cercano puede provocar en el campo de batalla.

Veamos ahora un ejemplo de uso de conectores en un correo electrónico con información:

Estimados amigos:

Como director del curso, os envío algunas informaciones que serán de vuestro interés:

En primer lugar, os informo de que el plazo de inscripción ha concluido y hemos superado con mucho las expectativas iniciales. Se han matriculado 50 alumnos (el máximo que permite la Universidad) y han quedado 20 en lista de espera. ***Además,*** estos alumnos provienen de universidades españolas, africanas y americanas.

En segundo lugar, todas las asignaturas tienen alumnos suficientes para ser impartidas. ***Por tanto,*** el cupo está completo y no podremos realizar ningún cambio de horario.

Por último, os envío el calendario de las presentaciones de proyectos.

Aprovecho la ocasión para agradeceros el trabajo que estáis haciendo.

Un cordial saludo.

En el texto se han usado los conectores: e*n primer lugar, en segundo lugar, además, por tanto, por último.* De este modo, queda explícita la relación entre las oraciones.

Veamos ahora un texto donde aparezcan combinados todos los mecanismos de cohesión textual presentados (conectores, elipsis, cohesión léxica, correferencia y pronombres). Se trata de una columna de opinión, firmada por Juan José Millás y aparecida en la versión digital del diario *El País.*

LA IMAGEN

En **estos** tiempos es necesario crear más **entradas** que **salidas.** Cuando nadie se ocupa de fabricarlas, los mismos trabajadores cambian el uso a una señalización de emergencia.

Toda **esa** gente, pese a lo que reza el cartel colocado sobre la puerta, no **sale** con angustia, sino que **entra** con prisas [...]. Curiosamente, no hay un solo cartel sobre ninguna puerta del universo mundo donde ponga **Entrada** de emergencia. ¿Acaso no necesitaríamos **ingresar** corriendo en más de un sitio? Por supuesto que sí. **De hecho,** son más las veces que nos apremia la necesidad de **entrar** que **la** de salir. Pese a ello, nos muestran con mayor insistencia las zonas de evacuación que **las** de **ingreso.** Podríamos decir que vivimos en la cultura de la **salida.** Recapaciten, **si no,** sobre estas frases de la vida diaria: ¿Cuántas **salidas** tiene Derecho, **cuántas** Historia del Arte, **cuántas** Medicina? ¿**Sales** a cenar este sábado? ¿Continúas **saliendo** con fulano?

El lenguaje cotidiano está lleno de **salidas** airosas, desesperadas, imprudentes, de **salidas** de tono, de **salidas** de emergencia como **la que** se aprecia en la foto. Todo el tiempo, **en fin,** se nos invita a **salir** (el **despido** por "causas objetivas" es, más que una invitación, una **patada**) cuando lo que necesitamos ahora es **entrar.** Entrar en el mundo del trabajo, de la cultura, de la investigación, de la justicia, de la sensatez... Si nadie se ocupa de fabricar **entradas,** y parece que no, tendremos que utilizar las **salidas.** Es lo que hicieron estos empleados del metro de Madrid (ninguna mujer, por cierto) en el ya lejano mes de julio de 2010. **Entraron** por la **salida** de emergencia para reunirse en asamblea. **Tal** desorden aparente metaforizaba en realidad un regreso al orden.

Veamos los recursos utilizados en el texto:

- Conectores: *de hecho, pese a ello, en fin, por cierto.*
- Pronombres y adjetivos determinativos: *estos tiempos, toda esa gente, pese a ello, tal desorden.*
- Elipsis: *si no, la necesidad del entrar que la de salir, ¿cuántas Medicina?, la que se aprecia, que las de ingreso, entraron.*
- Repetición: *entrada-entrar-entra-entraron, salida-salir-sale-sales-saliendo.*
- Medios léxicos:
  - Antónimos: *entradas-salidas, desorden-orden.*
  - Sinónimos y cuasisinónimos: *entrar-ingresar, entrada-ingreso, salida-evacuación, salida-patada-despido.*

Usos lingüísticos

Desde hace ya algún tiempo, y a causa del desarrollo de los medios de comunicación en general, y de la televisión en particular, venimos observando en la lengua escrita determinados usos ajenos a la lengua tradicional o literaria. Veremos a continuación algunos de tales usos, para poner de manifiesto su escasa aceptabilidad en situaciones formales escritas, y recomendar que se utilicen con cautela, o directamente se traten de evitar.

a) La "dislocación" de un término a la izquierda.

En la lengua escrita actual se observa con mayor frecuencia el uso de construcciones enfatizantes, procedentes de la lengua oral, por anteposición o «dislocación» a la izquierda de un término o proposición subordinada, con el fin de destacarlo más al situarlo fuera de su posición ordinaria y, sobre todo, al colocarlo en primer lugar. La disposición de un elemento al principio de la frase suele ir acompañada por la aparición de un pronombre o bien se conecta mediante el verbo ser, como podemos ver en los siguientes ejemplos:

Correcto: *Conviene dar libertad a los niños desde una edad temprana.*
Incorrecto: ***A los niños*** *conviene darles libertad desde una edad temprana.*
Correcto: *Tienes que evitar palabras innecesarias.*
Incorrecto: ***Las palabras innecesarias*** *tienes que evitarlas.*
Correcto: *Los venezolanos no pueden recibir divisas del exterior.*
Incorrecto: ***Del exterior es de donde*** *los venezolanos no pueden recibir visitas.*

Correcto: *La última jura de bandera se celebró en el cuartel general.*
Incorrecto: ***En el cuartel general es donde*** *se celebró la primera cita oficial.*

b) Algunos usos de los perfectos y del imperfecto.

El idioma español, a diferencia de lo que ocurre en otras lenguas de la misma familia, para la expresión de un momento del pasado mantiene la distinción entre las formas del pretérito perfecto compuesto (*he amado*), el pretérito perfecto simple (*amé)* y el pretérito imperfecto (*amaba).*

El imperfecto significa, en general, **un momento del pasado sin delimitaciones de principio o fin,** en el que la acción se muestra en desarrollo: real (*Llovía al atardecer*), habitual (*Llovía cada día*) o supuesto o hipotético (*Yo flotaba en el aire y tú me atraías hacia la tierra*) y de "cortesía" (*¿Que querían los señores?*). Por su parte, el perfecto compuesto y el perfecto simple significan acciones acabadas en distinto momento respectivamente próximo o lejano respecto al "ahora". La coincidencia de significado en el caso de los perfectos —es decir, la idea de una "acción concluida"—, ha provocado la eliminación de la distinción (con preferencia por una u otra forma) en el uso ordinario de diversas lenguas, tanto de España (el gallego, por ejemplo) como extranjeras (el italiano o el francés), que solo mantienen la diferencia entre el perfecto simple y el compuesto en la expresión literaria culta. Sin embargo, en español deberemos distinguir bien a la hora de redactar entre ambos perfectos.

Con el **pretérito perfecto compuesto** se expresa un momento inmediatamente pasado respecto al "ahora"; un hecho ocurrido en un período de tiempo que incluye el "ahora"; o bien un hecho cuyos efectos se aprecian en el "ahora".

Ejemplos:
He abierto *la puerta, pero sigue haciendo calor.*
Hoy/esta semana/este mes/este año ha nevado *mucho.*
En este siglo ha habido *más avances tecnológicos que en todos los anteriores.*
Desde hace una semana han ardido *varias hectáreas de monte bajo.*

Con el **pretérito perfecto simple** se expresan los mismos hechos perfectos y acabados, pero alejados del "ahora", en momentos más o menos remotos del pasado. Con el uso de ambas formas del pasado, se puede manifestar una distinción metafórica de "implicación" del hablante, en contraste con un "distanciamiento" más frío.

Ejemplos:
Mis padres ***han muerto hace dos años.***
Sus padres ***murieron hace dos años.***

Es una de las razones por las que deberemos mantener y respetar estas distinciones precisas entre una acción que se propone como más o menos remota o bien como inmediata, que incluye o afecta al "ahora" o momento de la enunciación. Veamos varios ejemplos que ilustran lo que acabamos de decir:

Remoto: ***Ayer se inauguró*** *la exposición.*
Inmediato: ***Hoy se ha inaugurado*** *la exposición.*
Remoto: ***El mes pasado bajó*** *el precio del pan.*
Inmediato: ***Esta semana ha bajado*** *el precio del pan.*
Remoto: ***El mes pasado ardieron*** *los bosques de mi pueblo.*
Inmediato: ***Desde ayer han ardido*** *los bosques de mi pueblo.*

Por su parte, el **pretérito imperfecto,** en su significado impreciso de una acción que se desarrolla en un momento más o menos duradero del pasado, se usa en descripciones y narraciones sin conexión próxima (para lo cual se usaría el pretérito perfecto compuesto) o remota (donde se usaría el pretérito perfecto simple) con el "ahora" enunciativo, aunque puede estar perfectamente referenciado por otro momento del pasado.

Ejemplo: **Cuando llamaron** *por teléfono, Juan* ***salía*** *de casa.*

En resumen, podemos decir que el pretérito imperfecto expresa una acción pasada cuyo principio y fin no interesan (***Prestaba*** *siempre atención a sus palabras*); indica un pasado de gran amplitud en narraciones y descripciones (*Mi madre* ***era*** *una mujer atenta y cuidadosa*); expresa el aspecto reiterativo de la acción (***Por las tardes escribía*** *su correspondencia*); y enuncia acciones pasadas que no llegan a consumarse (***Salía*** *hacia el banco* ***cuando pinchó*** *un neumático*).

c) Discordancias.

Una manifestación lingüística absolutamente rechazable, que prolifera en todo tipo de textos, especialmente aquellos redactados de forma apresurada o con descuido, consiste en la discordancia del verbo de predicaciones impersonales. El verbo, por atracción del objeto u otro complemento próximo, concuerda erróneamente con tales complementos y no con el sujeto gramatical como debiera. Veamos los ejemplos siguientes:

Incorrecto: *El general ordenó al ejército que* ***atacasen*** *al enemigo.*
Correcto: *El general ordenó al ejército que* ***atacase*** *al enemigo.*
Incorrecto: *El fiscal pide que se* ***multen*** *a tres funcionarios del ministerio.*
Correcto: *El fiscal pide que se* ***multe*** *a tres funcionarios del ministerio.*
Incorrecto: *El gerente se dio cuenta de que no se* ***lograban*** *alcanzar los objetivos previstos.*
Correcto: *El gerente se dio cuenta de que no se* ***lograba*** *alcanzar los objetivos previstos.*

Diferente es el caso de los nombres de sentido colectivo determinados por un complemento en plural que especifica las personas o cosas que constituyen el conjunto. Cuando se manifiesta así el sentido plural del colectivo, es muy común el uso del verbo en plural, pero en caso de duda es más seguro el singular y atenerse a una estricta concordancia formal.

Ejemplos:
Concordancia formal (preferible):
Un grupo de estudiantes ***protestaba*** *en la calle.*
Concordancia por el sentido:
Un grupo de estudiantes ***protestaban*** *en la calle.*
Concordancia formal (preferible):
La mayoría de los manifestantes ***decidió*** *disolverse pronto.*
Concordancia por el sentido:
La mayoría de los manifestantes ***decidieron*** *disolverse pronto.*

El español ofrece también la interesante posibilidad de **concertar el verbo en singular con dos o más sustantivos asociados,** dando un sentido unitario a la expresión. Incluso si los sustantivos van precedidos del correspondiente artículo, que disocia la expresión, **la concordancia en plural tiende a imponerse** —como nos dice la Academia—, aunque es posible el verbo en singular forzando el sentido unitario en expresión figurada.

Sentido unitario: *El alza y baja de la Bolsa* ***produce*** *inquietud en los medios financieros.*
Sentido disociado: *El alza y baja de la Bolsa* ***producen*** *inquietud en los medios financieros.*
Sentido unitario: *El aterrizaje y el despegue de los aviones* ***ha sido suspendido*** *por la tormenta.*
Sentido disociado: *El aterrizaje y el despegue de los aviones* ***han sido suspendidos*** *por la tormenta.*

d) Los pronombres le, la, lo.

El uso del pronombre le en función de complemento directo referido a una **persona masculina singular** (leísmo correcto) es la forma preferida por gran parte de los escritores españoles actuales, aunque la Academia prefiere la forma lo, que es la usada por los autores hispanoamericanos y en algunas regiones españolas.
Ejemplo:
Forma académica (preferible): *He buscado a tu hermano y no **lo** he visto.*
Leismo correcto: *He buscado a tu hermano y no **le** he visto.*

El uso del pronombre *le* en función de complemento directo referido a **cosas** se considera **rechazable** en la escritura y algo a evitar.
Ejemplo:
Correcto: *Perdió el móvil, pero ya **lo** ha encontrado.*
Leísmo incorrecto: *Perdió el móvil, pero ya **le** ha encontrado.*

El uso de *la* en función de complemento indirecto (**laísmo**) referido a personas o cosas es propio de la lengua hablada de gran parte de España, pero **no se considera aceptable en la lengua escrita.**

Ejemplos:
Correcto: *He visto a tu hermana y **le** he dado la mala noticia.*
Laísmo (incorrecto): *He visto a tu hermana y **la** he dado la mala noticia.*

Correcto: *He leído tu redacción y* ***le*** *he encontrado un error ortográfico.*
Laísmo (incorrecto): *He leído tu redacción y* ***la*** *he encontrado un error ortográfico.*

Aunque es frecuente en la lengua hablada, el uso de la forma *les* referida a personas masculinas en función de complemento directo tiene poco prestigio en la lengua escrita. Referida a cosas se considera mucho más rechazable en la expresión escrita.

Ejemplos:
Correcto: *He buscado a mis amigos y no* ***los*** *he visto.*
Leísmo (incorrecto): *He buscado a mis amigos y no* ***les*** *he visto.*
Correcto: *Perdí mis apuntes, pero ya* ***los*** *he encontrado.*
Leísmo (incorrecto): *Perdí mis apuntes, pero ya* ***les*** *he encontrado.*

También se considera igualmente inaceptable en la lengua escrita, el uso de *las* femenino en función de complemento indirecto, referido a persona o cosa.
Ejemplos:
Correcto: *He buscado a tus amigas y* ***les*** *he dado la buena noticia.*
Laísmo (incorrecto): *He buscado a tus amigas y* ***las*** *he dado la buena noticia.*
Correcto: *He leído tus cuentos y* ***les*** *he encontrado algún error de sintaxis.*
Laísmo (incorrecto): *He leído tus cuentos y* ***las*** *he encontrado algún error de sintaxis.*

El gerundio

El gerundio es una forma verbal impersonal que, por desconocimiento de su función y significado o bien por influencia de idiomas extranjeros, presenta dificultades, dudas y errores que algunos solucionan evitándolo en la escritura, con la consiguiente merma de sus posibilidades expresivas.

El gerundio manifiesta un momento anterior, coincidente o inmediatamente posterior al momento significado por el verbo principal en forma personal con el que está en relación. Indica el modo o el momento en que se realiza la acción del verbo subordinante o principal; pero también puede significar una condición o causa de la acción principal. Veamos algunos ejemplos:

Sabiendo *que diluviaba, decidió quedarse en casa [****Después de saber****].*
Visitando *la exposición, conoció a María. [****Cuando visitaba****].*
Salió de puntillas, ***cerrando*** *la puerta sin hacer ruido [****Cerró inmediatamente*** *después de salir].*
Caminando *por la ciudad, se conoce mucha gente [****Si se camina****].*
Siendo *del sur, el frío no lo soportamos bien [****Porque somos*** *del sur].*

Usos incorrectos del gerundio

Se considera totalmente incorrecto, y por tanto rechazable, el uso de un gerundio que signifique posterioridad no inmediata al momento significado por el verbo principal. Veamos algunos ejemplos:

Incorrecto: *Entró en la habitación* ***sentándose*** (a continuación) *en el sillón más cómodo.*
Correcto: *Entró en la habitación* ***y se sentó*** (a continuación) *en el sillón más cómodo.*
Incorrecto: *Nació en Burgos,* ***siendo*** *hijo de Carlos y Luisa.*
Correcto: *Nació en Burgos,* ***y es*** *hijo de Carlos y Luisa.*
Incorrecto: *El niño se perdió en el bosque,* ***siendo encontrado*** *a los dos días.*
Correcto: *El niño se perdió en el bosque,* ***y fue encontrado*** *a los dos días.*
Incorrecto: *El ladrón huyó con el coche,* ***siendo alcanzado*** (al poco rato) *por sus perseguidores.*
Correcto: *El ladrón huyó con el coche,* ***y fue alcanzado*** (al poco rato) *por sus perseguidores.*

Tampoco se acepta, por incorrecto, el uso del gerundio con sentido especificativo o referido a un complemento distinto del sujeto o del objeto directo del verbo principal, con un sentido que **no** sea ocasional. Ejemplos:
Incorrecto: *La maleta* ***conteniendo*** *libros se perdió en el viaje.*
Correcto: *La maleta* ***que contenía*** *libros se perdió en el viaje.*

Incorrecto: *Escribió una novela* ***recogiendo*** *la historia de su vida.*
Correcto: *Escribió una novela* ***que recogía*** *la historia de su vida.*
Incorrecto: *Le sorprendió la actitud del público* ***escuchando*** *la historia con atención.*
Correcto: *Le sorprendió la actitud del público* ***que escuchaba*** *la historia con atención.*

Por su parte, el abuso de las perífrasis de gerundio con sentido de presente actual o habitual es un feo anglicismo que conviene evitar.

Ejemplo:
Incorrecto: *Esta semana* ***está siendo discutida*** *la ley en el Parlamento y parece que* ***se está logrando*** *un redactado consensuado.*
Correcto: *Esta semana* ***se discute*** *la ley en el Parlamento y parece que* ***se logra*** *un redactado consensuado.*

Los errores léxicos más frecuentes

Vamos a examinar ahora algunos errores que se dan con frecuencia en la elección de las palabras.

Lugares comunes y frases hechas

Sabemos por experiencia que las palabras se "gastan": expresiones eficaces en un momento determinado, se vuelven obvias o fastidiosas a fuerza de usarlas. Al releer un escrito es importante tratar de sustituir (y en muchos casos incluso suprimir) las frases previsibles, que por esa misma razón suelen ser pobres en contenido informativo. He aquí algunas frases hechas que conviene evitar:

- *Con el rabo entre las piernas*
- *Coger la ocasión por los pelos*
- *Quitarse la máscara*
- *Pasarle a otro la patata caliente*
- *Buscarle tres pies al gato*
- *El farolillo rojo*
- *La/s línea/s roja/s*
- *Marco incomparable*
- *Lleno hasta la bandera*

Existen expresiones de las que se sigue abusando y que deberemos evitar. Las recoge María Teresa Serafini:

- *Un octogenario tiene toda una vida a sus espaldas.*
- *Una niebla que se corta con un cuchillo.*
- *Estaba ante una encrucijada fundamental.*
- *Un delito paradigmático.*
- *Aquello fue la guinda en el pastel.*
- *La clave de lectura de un partido o una situación.*
- *Correr un tupido velo.*
- *En cierta medida.*
- *Los implicados en los trabajos.*
- *En el ojo del huracán.*
- *No se han apagado los ecos.*
- *Permanece el eco.*
- *Una pausa para la reflexión.*
- *Una espiral de comportamientos.*
- *El termómetro de la situación.*
- *Una auténtica carrera contra el reloj.*
- *Salir del túnel de la crisis.*
- *Partido bisagra.*
- *Las cifras hablan claro.*

Simplifiquemos la secuencia de palabras

Para hacer el texto más conciso y eficaz, es oportuno eliminar las palabras superfluas.

a) Reducir el número de adjetivos y adverbios

Hay quien piensa que adjetivos y adverbios dan colorido al texto. En realidad los hechos se presentan sobre todo a través de los sustantivos y los verbos. En cambio, un gran número de adjetivos y adverbios crea en general un texto retórico: en lo posible, es aconsejable eliminarlos. En el siguiente ejemplo que nos proporciona María Teresa Serafini, extraído de la prensa, entre guiones figuran cuatro adjetivos y dos adverbios (uno entrecomillado), lo que resulta algo excesivo.
Ha muerto a los 38 años de sida. El periodista G. F. fue el primero en Italia en escribir la crónica —una crónica ***límpida, concisa,*** sin adjetivos, tan ***serenamente antirretórica*** que resultaba ***"escandalosamente" optimista***— de su propia agonía.

b) Simplifiquemos las secuencias de vocablos con el mismo significado

Para hacer el discurso más articulado, en ocasiones se recurre a secuencias de términos que tienen en parte el mismo significado; puede tratarse de una serie de adjetivos (como se ha visto en el caso anterior), pero también de nombres y de verbos.

La intención es buena: se busca la precisión y la exhaustividad, pero el efecto, en algunos casos, es un estilo algo pesado y retórico.

Veamos un ejemplo, que nos propone María Teresa Serafini:

> Quien consulte este vocabulario reducido advertirá en seguida con cuánto **cuidado,** con cuánta **paciencia** y con cuánta **atención,** casi vocablo por vocablo, se ha llevado a cabo la obra de reducción; cuántas riquezas de la edición anterior se ha intentado salvar, sobre todo dejando intacta, en la medida en que era posible, la personalidad de los autores, y en consecuencia conservando el estilo del vocabulario, que los **entendidos** y los **estudiosos** saben inconfundible por la **precisión,** la **fuerza** y en general la **belleza,** para no emplear palabras más grandilocuentes, de la mayor parte de las definiciones.
>
> ¿Es verdaderamente necesario añadir a *cuidado* los términos *paciencia* y *atención?* ¿Y qué diferencia entre *entendidos* y *estudiosos* hace necesario el uso de las dos palabras? Es verdad que *precisión, fuerza* y *belleza* no son sinónimos, pero en el texto resulta difícil captar la distinción entre ellas, y se vuelven redundantes.

Pero donde mejor vemos la necesidad de simplificar es el el texto siguiente, que la doctora Serafini usa en más de una ocasión como ejemplo de "escritura defectuosa" y texto poco claro:

> [...] no contamos todavía con una **experiencia** y **práctica** difundidas de la utilización de la informática como catalizador formativo y **didáctico,** al no existir aún **ambientes didácticos, propuestas curriculares** y **modelos de trabajo** suficientemente contrastados que permitan a los enseñantes "ver" la capacidad de la informática para **clarificar, amplificar** y **consolidar** los procesos de **conceptualización** y de **reorganización** de las competencias disciplinares o sectoriales en sistemas dirigidos al dominio **lingüístico, comunicativo** y de **representación de los conocimientos**; [...]

Cualquiera puede comprobar lo fatigoso que resulta captar el significado de este texto: los adjetivos, los verbos y los sustantivos casi nunca aparecen solos. Aparecen cuatro parejas y tres secuencias de tres elementos. En el interior de esos pequeños conjuntos de palabras, resulta difícil con frecuencia captar distinciones fundamentales. Por ejemplo, no nos queda clara la diferencia entre las tres funciones de la informática, *clarificar, amplificar* y *consolidar* algunos procesos cognitivos seleccionados. Veamos la reescritura que nos propone María Teresa Serafini, omitiendo algunos detalles secundarios:

> La informática se utiliza todavía poco en la escuela para enseñar contenidos específicos, como medio para aprender a razonar y como instrumento para comunicar, conocer mejor la lengua y organizar los propios conocimientos. La causa reside en la falta de ordenadores, de programas y de material didáctico.
> Mucho más claro, ¿verdad?

c) “Mostrar, no declarar”

La eficacia de un texto procede en buena parte de nuestra capacidad de describir, de la presencia de ejemplos, de la riqueza de detalles. El texto tiene que estar bien construido, pero sobre todo ha de resultar entretenido; debe ser agradable (siempre que sea posible), de modo que el lector se sienta implicado e interesado, y por consiguiente decida seguir leyendo. Veamos, como ejemplo, el resumen de un viaje, constituido por una secuencia de adjetivos y signos de admiración:

¡Ha sido una experiencia extraordinaria, un viaje inolvidable! ¡Unas vacaciones que realmente se han salido de lo normal!

En este texto se “declara”, pero no se “muestra” nada en absoluto.

Una descripción es concreta cuando no solo aparecen adjetivos genéricos, sino cuando la situación se reconstruye por medio de elementos sensoriales, datos psicológicos, experiencias del autor o de otras personas.

Una de las cosas que debemos tener siempre presente es la claridad del texto. Ante todo es preciso controlar que la selección y la organización de las ideas jueguen “a favor del lector”: en un texto “legible” iremos introduciendo las informaciones nuevas de una en una, gradualmente, partiendo siempre de las que resultan más familiares al lector. Una presentación eficaz de las ideas se consigue mediante un buen planteamiento del texto, a base de párrafos y apartados bien estructurados. Muy importante para la claridad del texto es, como hemos visto, el uso de una lengua sencilla y fluida.

En una frase las palabras se pueden disponer de muchos modos. Veremos ahora algunas situaciones en las que un orden distinto de los complementos y de las palabras origina un texto más inmediato, claro y fácil de leer.

El orden de los elementos

Ante una secuencia de complementos, debemos preguntarnos si es posible mejorar su orden. En particular, es importante controlar la posición del complemento especificativo. Si se refiere al sujeto lógico de la frase, habrá que colocarlo inmediatamente detrás del nombre que lo rige, pues una posición diferente provoca ambigüedad. Por ejemplo:

Ambiguo: *Un sermón contra el aborto del obispo.*
Claro: *Un sermón del obispo contra el aborto.*
Ambiguo: *Un mensaje a los profesores del director.*
Claro: *Un mensaje del director a los profesores.*
Ambiguo: *Un telegrama enviado a cargo del destinatario del Ayuntamiento.*
Claro: *Un telegrama del Ayuntamiento enviado a cargo del destinatario.*

Evitar la coordinación de verbos de régimen distinto

No podemos reducir por coordinación dos proposiciones con verbos de argumentos distintos que se expresan por preposiciones diferentes, pues el resultado sería incoherente.

Incorrecto: *Pepe conocía y estudiaba con Lucía.*
Correcto: *Pepe conocía a Lucía y estudiaba con ella.*
Incorrecto: *Lucía asiste y disfruta en las exposiciones.*
Correcto: *Lucía asiste a las exposiciones y disfruta en ellas.*

Debemos aproximar elementos correlativos desde un punto de vista lógico

Los elementos relacionados lógicamente deben ir colocados uno al lado del otro. En particular, es preciso evitar la colocación de adverbios e incisos entre sujeto y predicado, entre predicado y complemento de objeto, y entre auxiliar y participio pasado.

Ante situaciones de este tipo hay que modificar el orden de las palabras, colocando los elementos "perturbadores" delante o detrás de las parejas de elementos que se han citado. Ese traslado es necesario sobre todo cuando el inciso es muy largo. Veamos algunos ejemplos:

Incorrecto: ***El célebre deportista*** *en las primeras horas de la tarde de ayer* ***regresó*** *a su ciudad.*
Correcto: *En las primeras horas de la tarde de ayer* ***el célebre deportista regresó*** *a su ciudad /* ***El célebre deportista regresó*** *a su ciudad en las primeras horas de la tarde de ayer.*
Incorrecto: ***Fue a comprar*** *a toda prisa las cosas que le faltaban.*
Correcto: ***Fue a comprar las cosas*** *que le faltaban a toda prisa.*
Incorrecto: *El abuelo* ***había*** *con gran disgusto* ***interrumpido*** *su siesta.*
Correcto: *El abuelo* ***había interrumpido*** *su siesta con gran disgusto.*

Las expresiones que se refieren a dos o más elementos de la frase se colocan delante y, siempre que sea posible, junto a ellos, con el fin de dar simetría a la frase y de evidenciar esas relaciones múltiples. En el siguiente texto, la expresión *por ejemplo* se refiere tanto a *comiendo* como a *practicando,* y por consiguiente es preciso colocarlo inmediatamente delante de los dos términos.

Incorrecto: *Se adelgaza de diferentes maneras,* ***comiendo, por ejemplo,*** *menos cantidad, y practicando algún deporte.*
Correcto: *Se adelgaza de diferentes maneras:* ***por ejemplo, comiendo*** *menos cantidad y practicando algún deporte.*

En el ejemplo siguiente, también propuesto por la doctora Serafini, a *ser consciente* se refieren tanto el complemento de *antes que nada* como el de *luego*: por tanto, ha de ir colocado delante de los dos elementos.

Incorrecto: *Para mejorar el propio estilo, es importante* ***antes que nada ser consciente*** *de las ventajas y desventajas de las diversas formas expositivas, y luego de las características del propio modo de escribir.*

Correcto: *Para mejorar el propio estilo es importante* ***ser consciente, antes que nada*** *de las ventajas y desventajas de las diversas formas expositivas, y* ***luego*** *de las características del propio modo de escribir.*

Eliminar las palabras superfluas

Debemos procurar que nuestro texto sea siempre lo más sintético posible, es decir, que no contenga ningún elemento superfluo. En diversas situaciones es posible eliminar algunas palabras sin suprimir ninguna información de la frase: de ese modo, el texto será más fluido y breve. Es posible muchas veces eliminar los **adjetivos indeterminados.** Veamos algunos ejemplos:

En lugar de escribir: *tenía* ***unas*** *bellas manos,* podemos escribir: *tenía bellas manos.*

En lugar de escribir: *salió con* ***algunos*** *amigos,* podemos escribir: *salió con amigos.*

También podemos eliminar numerales que en ciertos contextos resultan obvios. Por ejemplo, en la frase: *tenía* ***dos*** *grandes ojos azules,* podremos decir, más correctamente: *tenía grandes ojos azules.*

También podremos eliminar el verbo *poder* de muchas frases, sin que se resienta el sentido. Por ejemplo, en lugar de escribir: *¿Cómo **puede** escribirse un texto claro?*, podremos escribir, más correctamente: *¿Cómo se escribe un texto claro?*

También los **pronombres relativos,** en especial si son indirectos, pueden suprimirse, sustituyendo las proposiciones relativas por un complemento. El texto resultará así más directo y breve. Por ejemplo, en lugar de escribir: *Para todo tipo de legumbres es necesario conocer las reglas con las que cocinarlas,* debemos escribir: *Para todo tipo de legumbres es necesario conocer las reglas de cocinado.*

Negaciones múltiples

En general, se aconseja mucha precaución a la hora de usar más de dos negaciones en una frase, puesto que el texto suele quedar confuso. Un ejemplo de esto puede ser:

*Yo **no** digo que tu madre no piense en **no** hacer lo que ha prometido.*

Algunas dobles negaciones son fácilmente eliminables; en su lugar colocaremos una expresión positiva. Esta operación no debe efectuarse mecánicamente, sino acompañada siempre por una comprobación de posibles cambios de significado. Las frases en positivo son siempre preferibles, porque resultan más fáciles de comprender para el lector. Así, en lugar de decir, por ejemplo: ***No sin** pena regresé a* *mi país natal,* diremos —aunque nos suene menos "literario"—: *Con pena regresé a mi país natal.* Otro ejemplo: ***No** es conveniente **dejar de** tomar en consideración los consejos que da el maestro.* Es mucho mejor escribir, en su lugar: *Es conveniente tomar en consideración los consejos que da el maestro.* O incluso: *Conviene tomar en consideración los consejos del maestro.*

Expresiones "burocráticas"

En los documentos y actos públicos se suele emplear una lengua constituida por términos especiales y sobre todo por circunloquios: las expresiones burocráticas. Por ejemplo, en lugar del sencillo *sobre* es frecuente encontrar *inherente a, en orden a, por lo que concierne a, en relación con;* en lugar de *en el* encontramos *en el seno del*; y en lugar de *de,* aparece *de parte de,* o bien *por obra de.* La lengua burocrática elige estas expresiones para evitar un lenguaje pobre y excesivamente coloquial, pero fuera de su contexto profesional, esta forma genera escritos recargados, alambicados y a veces hasta ridículos. Por el contrario, una lengua sintética es más eficaz. A la hora de revisar nuestro texto, trataremos de sustituir todas las posibles expresiones "burocráticas" por términos cotidianos.

Incorrecto: *Mucho he de decir **en relación** con la anterior intervención.*
correcto: *Mucho he de decir **sobre** la anterior intervención.*

Incorrecto: *Ante la nueva situación* ***se encontrarán en la situación de tener que realizar una opción.***
correcto: *Con la nueva situación* ***tendrán que elegir.***

En el lenguaje burocrático, el miedo a usar un estilo común o sencillo impide en ocasiones el empleo de verbos normales, como *hacer, ser* o *poner,* que se sustituyen por otros menos corrientes. Veamos algunos ejemplos:

Lenguaje burocrático: *Los profesores* ***efectuaron*** *una huelga de una semana.*
Lenguaje normal: *Los profesores* ***realizaron*** *una huelga de una semana.*
Lenguaje burocrático: *Las motos acuáticas* ***constituyen*** *un peligro para los bañistas.*
Lenguaje normal: *Las motos acuáticas* ***son*** *un peligro para los bañistas.*
Lenguaje burocrático: *La junta* ***ha suscitado*** *graves reparos.*
Lenguaje normal: *La junta* ***ha puesto*** *graves reparos.*

Típicas del lenguaje burocrático son palabras como al *efecto* o *respectivo,* que muchas veces se pueden eliminar. Por ejemplo, en lugar de escribir: *Una comisión designada* ***al efecto*** *estudiará el problema* es preferible decir simplemente: *Una comisión estudiará el problema.* O en lugar de escribir: *El embajador inglés y el ministro fueron a la ópera con sus* ***respectivas*** *esposas,* es mejor decir: *El embajador inglés y el ministro fueron a la ópera con sus esposas,* prescindiendo de un *respectivas* redundante e innecesario.

Otra transformación textual que aumenta la fluidez y legibilidad de un texto es aquella que transforma la frase **de la forma pasiva a la forma activa.** Las frases en forma activa resultan más directas y comprensibles que las que emplean la forma pasiva. En todos los casos posibles se aconseja transformar las frases de modo que el sujeto lógico sea también el sujeto gramatical, y aparezca al inicio de la frase.

Forma pasiva: *Este concepto no fue explicado con claridad suficiente por el profesor.*
Forma: *El profesor no explicó este concepto con claridad suficiente.*
Forma pasiva: *Una nueva campaña publicitaria ha sido decidida por el departamento de promoción.*
Forma: *El departamento de promoción ha decidido una nueva campaña.*

Evitar la repetición de sonidos

La repetición del mismo sonido en palabras vecinas (como la rubeniana *ala leve del leve abanico*), recurso que recibe el nombre técnico de *aliteración,* se emplea con frecuencia en poesía o en la publicidad. Sin embargo, en los textos en prosa esa repetición debe evitarse. También debemos utilizar palabras sinónimas para no repetir muchas veces el mismo vocablo, así como transformar las frases para evitar la repetición de sonidos como en ***para*/*para**lizar;* ***esta*/*esta**ción* o ***partes*/*part**icipantes.* Unas veces se tratará de evitar palabras con la misma raíz, por ejemplo:

En lugar de escribir: *Al **escribir** un tema, una buena **escritura** ayuda mucho,* es mejor escribir: *Al **escribir** un tema, una buena **grafía** ayuda mucho.*

En lugar de: *La **localización** del **lugar,*** escribir: *La **detección** del **lugar.***

En lugar de: *Los **vocablos** del **vocabulario,*** escribir: *Las **palabras** del **vocabulario.***

Habrá casos en los que será preciso eliminar rimas involuntarias:

*Pedimos a la **nación** que actúe con **reflexión.***
*Pedimos **a los ciudadanos** que actúen **reflexivamente.***

Bibliografía

Bustos, Alberto, https://blog.lengua-e.com

Fuentes Rodríguez, Catalina, *Guía práctica de escritura y redacción,* Planeta, Barcelona, 2011.

Garrido, J. *et al., Léxico*, Teide, Barcelona, 2011.

Serafini, María Teresa, *Cómo se escribe,* Paidós, Barcelona, 2007.

Zainqui, J.M., *El español incisivo,* De Vecchi, Barcelona, 1974.

www.ingramcontent.com/pod-product-compliance
Lightning Source LLC
LaVergne TN
LVHW101945220826
846093LV00006B/115

9788418429200